(주)로보로보 저

로블록스로 만드는
나만의
상상 놀이터
코딩편

YoungJin.com Y.
영진닷컴

로블록스로 만드는
나만의 상상 놀이터
코딩편

ISBN : 978-89-314-6635-5

독자님의 의견을 받습니다.

이 책을 구입한 독자님은 영진닷컴의 가장 중요한 비평가이자 조언가입니다. 저희 책의 장점과 문제점이 무엇
인지, 어떤 책이 출판되기를 바라는지, 책을 더욱 알차게 꾸밀 수 있는 아이디어가 있으면 팩스나 이메일, 또는
우편으로 연락주시기 바랍니다. 의견을 주실 때에는 책 제목 및 독자님의 성함과 연락처(전화번호나 이메일)를
꼭 남겨 주시기 바랍니다. 독자님의 의견에 대해 바로 답변을 드리고, 또 독자님의 의견을 다음 책에 충분히
반영하도록 늘 노력하겠습니다.

이메일 : support@youngjin.com
주 소 : (우)08507 서울시 금천구 가산디지털1로 128 STX-V타워 4층 401호 (주)영진닷컴 기획1팀
등 록 : 2007. 4. 27. 제 16-4189호

파본이나 잘못된 도서는 구입하신 곳에서 교환해 드립니다.

STAFF
저자 ㈜로보로보 | **총괄** 김태경 | **기획** 최윤정 | **디자인·편집** 김소연 | **영업** 박준용, 임용수, 김도현
마케팅 이승희, 김근주, 조민영, 김도연, 채승희, 김민지, 임해나, 이다은 | **제작** 황장협 | **인쇄** 제이엠

머리말

로블록스 플랫폼에서는 내가 상상한 놀이터를 구축할 수 있을 뿐만 아니라 루아(Lua)라는 코딩 언어를 이용해서 내가 구축한 놀이터를 좀 더 생동감 있게 만들 수 있습니다.

어렵고 딱딱한 텍스트 코딩도 로블록스 플랫폼을 활용하면 시각적인 결과물로 확인할 수 있습니다. 내가 생각한 공간을 3D와 코딩을 활용하여 더 재미있게 즐길 수 있다면 좋겠죠?

이 책은 프로그램 문법들을 단순하게 나열하는 방식이 아니라, 아이들에게 친숙한 소재로 예시와 함께 실었으며, 코딩을 처음 배우는 사람도 쉽게 따라올 수 있도록 과정을 하나하나 설명하고 있습니다. 순서대로 따라가다 보면 학습 진행 단계를 쉽게 파악할 수 있고, 각 Chapter 마지막의 '혼자서도 잘해요'에서 학습 내용을 토대로 하여 확장된 프로그램을 완성할 수 있도록 구성했습니다. 또한, '혼자서도 잘해요'의 답안 코드는 책의 마지막 페이지에서 확인할 수 있습니다.

로블록스는 단순히 가상 세계에서 게임을 하는 것뿐만 아니라 코딩을 배울 수 있는 훌륭한 플랫폼입니다. 이 책을 통해 코딩을 시작하는 청소년들이 '코딩은 어렵다!'가 아니라 '코딩은 재밌다!'가 되었으면 합니다.

목차

※ 본문 내 소스코드와 〈혼자서도 잘해요〉 완성 파일은 영진닷컴 홈페이지에서 다운로드 받을 수 있습니다.
  – 영진닷컴 홈페이지(www.youngjin.com) 〉 고객센터 〉 부록CD 다운로드 〉 도서명 검색

CHAPTER 1

변수!
넌 누구니?

모델링 편에서는 로블록스 스튜디오에서 파트를 만들고 조작하는 방법을 배웠습니다. 코딩 편에서는 '루아(Lua)' 언어를 사용하여 파트가 나타났다 사라지거나, 자연스럽게 움직이도록 만들어 봅니다. 로블록스에서 '루아' 코드로 작성한 내용들은 '스크립트(scripts)'에 담기고, '루아 스크립트'를 사용하면 게임에서 발생하는 이벤트에 응답하는 대화형 모드를 만들 수 있습니다.

루아(Lua) 코딩 알아보기

루아 코딩 알아보기

코딩은 컴퓨터가 따라야 할 지침을 만드는 과정입니다. 사람들이 영어나 스페인어와 같은 언어를 사용하는 것처럼, 프로그램도 언어를 사용합니다. 로블록스에서는 코딩 언어로 '루아(Lua)'를 사용합니다.

01 로블록스 스튜디오에서 [새로 만들기] – [모든 템플릿] – [Baseplate]를 선택합니다.

NOTE

루아 언어란?
'루아(Lua)'는 브라질의 리우데자네이루에 있는 카톨릭 대학에서 개발한 프로그래밍 언어로, 작고 가벼우며 효율적인 것이 특징입니다. 용량과 속도의 부담이 없어 다양한 프로그램에 쉽게 사용할 수 있으며 특히 게임 개발에서 많이 사용되고 있습니다.

02 작업 화면이 열리면 스크립트를 출력하였을 때 오류 및 정보들을 볼 수 있는 출력 창을 설정해야 합니다. [보기] 탭 – [출력]을 클릭합니다.

03 출력 창이 활성화되면 작업 화면 하단에 출력 창이 배치됩니다. 위치는 드래그해서 자유롭게 이동할 수 있습니다.

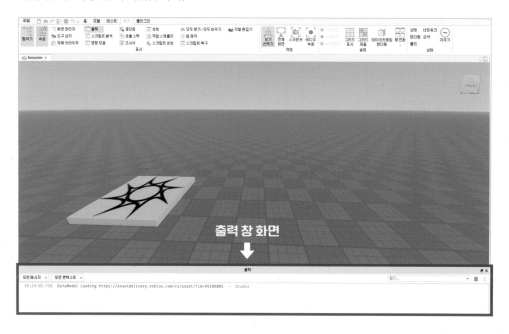

04 탐색기 창의 'ServerScriptService'에 마우스 커서를 올려 놓고 '+' 아이콘을 클릭합니다. 개체 검색창에 'script'를 입력하고 'Script'를 클릭해 추가합니다.

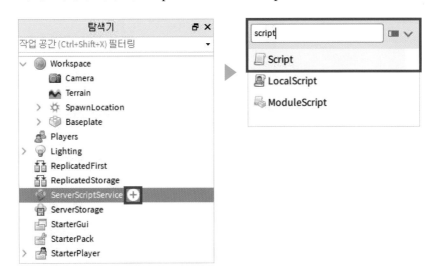

05 스크립트를 입력할 수 있는 창이 나옵니다.

06 게임 플레이를 눌러 실행하면 출력 창에 'Hello World!'라는 문구가 출력됩니다.

모든 메시지 ⌄	모든 콘텍스트 ⌄	

```
█  09:56:03.694  Hello world!  -  서버 - Script:1
```

NOTE

주석 처리

우리가 수업을 들을 때 선생님께서 중요하게 말씀하는 것을 책에 별도로 기입하듯이, 로블록스에서도 중요한 내용을 코드에 기입할 수 있습니다. 이 설명문은 코드에 영향을 주지 않으며, 작성한 코드에 대한 코멘트라고 생각하면 됩니다.

❶ -- : 코드 앞에 --을 붙이면 해당하는 한 줄만 주석 처리가 됩니다.

```
--안녕하세요. 주석 처리되는 줄입니다.
```

❷ --[[ ]] : 여러 줄을 주석 처리할 때 사용합니다.

```
--[[안녕하세요. 주석 처리 되는 줄입니다.
지금부터 쓰는 내용은 주석 처리가 되는 구간입니다.]]
```

01 스크립트 편집기에서 내 이름을 문자열로 바꾸어서 입력해 보세요.

```
print("roborobo")
```

02 스크립트 편집기에서 다음과 같이 출력되는 프로그램을 완성해 보세요.

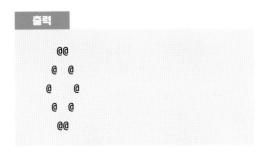

```
print("    @@    ")
print("   @ @    ")
print("  @   @   ")
print("   @ @    ")
print("    @@    ")
```

스크립트에 오류가 발생했어요.

스크립트를 잘못 작성하여 오류가 발생하면 스크립트 문자열에 빨간색 밑줄이 생기며 오류 메시지가 생성됩니다.

출력 창에는 빨간색 글씨로 오류 내용이 무엇인지, 몇 번째 줄에서 오류가 발생했는지 표시됩니다.

코드 문제 해결하기

코드가 작동하지 않는다면 다음을 확인해 주세요.

– 대, 소문자를 확인해 주세요. / Print(X) → print(O)

– 문자열은 인용 부호로 둘러싸여 있습니다. / " 　　 ", ' ' '

– 문자열은 괄호 안에 있습니다. / ("like this")

변수 이야기

컴퓨터는 일을 하기 위해 무수히 많은 자료를 사용하는데, 그 자료들을 담아 두기 위해 사용하는 것이 바로 '변수(Variable)'입니다. 쉽게 데이터를 담는 상자라고 하는데 상자마다 종류, 크기가 다르며 '숫자(Numbers)', '문자열(Strings)', '논리형(Booleans)' 등과 같은 여러 가지 형태의 값을 담을 수 있습니다. 변수는 데이터가 바뀌어 들어가므로, 계산을 할 때 또는 잠시 넣어 두는 형태로 사용하기 좋으며, 프로그램을 작성할 때 가장 많이 사용합니다.

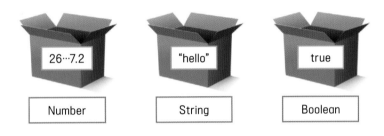

스크립트(Script)

```
local Integer = 26
print(Integer)
print(typeof(Integer))

local Float = 2.6
print(Float)
print(typeof(Float))

local String = "hello"
print(String)
print(typeof(String))

local Boolean = true
print(Boolean)
print(typeof(Boolean))
```

```
26              -- 값
number          -- 자료형
2.6             -- 값
number          -- 자료형
hello           -- 값
string          -- 자료형
true            -- 값
boolean         -- 자료형
```

 TIP 'Integer'와 'Float'은 값은 다르지만 같은 자료형인 'number'라는 것을 알 수 있습니다.

변수 만들기

변수에 자료를 넣을 때 '=(등호)' 기호를 사용하며, 왼쪽에는 '변수'를, 오른쪽에는 '변수에 들어갈 자료'를 넣어 〈변수 이름="자료"〉 형식으로 나타냅니다. 변수는 '전역 변수(Global Variable)'와 '지역 변수(Local Variable)'라는 2가지 형태로 사용됩니다. 전역 변수는 프로그램이 실행되는 동안 프로그램 전체에서 사용할 수 있는 변수이고, 지역 변수는 변수가 선언된 스크립트 내부, 함수 내부에서만 사용할 수 있는 변수입니다. 로블록스에서는 지역 변수를 주로 사용하며, 지역 변수로 선언하기 위해서는 변수 앞에 'local'을 적어 줍니다.

```
local word = "Hello World"
  ▲     ▲         ▲
 범위 변수 이름    자료
```

변수를 만들고 이름을 지정할 때는 변수에 포함될 정보를 쉽게 알 수 있도록 이름을 선택해야 합니다.

❶ 변수 이름은 대소문자를 구분합니다.

ex) RedBrick, REDBRIC 모두 고유한 이름

❷ 키워드를 예약할 수 없습니다.

ex) if, other, or 등

❸ 변수 이름은 문자, 숫자 및 밑줄 문자로 구성할 수 있지만 숫자로 시작할 수는 없습니다.

ex) roborobo_01(○), 01roborobo(×)

❹ 변수 이름에 공백 및 특수 문자를 사용할 수 없습니다.

ex) running on(×), *runningon*(×)

❺ 함수와 동일한 이름을 지정하면 안됩니다.

ex) function(×), local(×)

변수 만들기의 예시를 알아볼까요?

❶ 좋은 예

name = robo

▶ name이라는 변수명만으로 name에 저장되는 데이터 정보를 알 수 있음.

❷ 나쁜 예

a = Superman

▶ a라는 변수명으로는 a에 저장되는 데이터 정보를 알 수 없음.

문자열(String)

루아 코딩에서 문자열은 문자, 숫자, 기타 캐릭터 등을 표현하는 데 사용되기 때문에 스크립팅의 중요한 구성 요소입니다. 문자열을 선언하려면 큰 따옴표 또는 작은 따옴표로 텍스트를 감싼 후 변수에 할당합니다.

스크립트(Script)

```lua
local str1 = "Hello"
local str2 = 'Hello'

print(str1)
print(str2)
```

학습해 볼까요?

01 다음 코드를 보고 어느 부분이 틀렸는지 확인하고 바르게 수정하여 출력해 보세요.

스크립트(Script)

```lua
local str1 = "Hello" World " ! "
```

정답

```lua
local str1 = "Hello world!"
print(str1)
```

연산자(Operator)

연산자는 자료의 값을 계산하는 기호입니다. 다양한 연산자 중 로블록스 기초 코딩에서는 다음과 같은 연산자 기호만 사용합니다.

+	A + B (더하기)
–	A – B (빼기)
*	A * B (곱하기)
/	A / B (나누기)
==	A == B (A와 B는 같다)

스크립트(Script)

```
local a = 2
local b = 4
local c = a + b
local d = b – a
local e = a * b
local f = b / a

print(c)
print(d)
print(e)
print(f)
```

출력

```
6
2
8
2
```

다양한 변수들로 다음 문제들을 코딩하세요.

```
a = 18
b = 4
c = 3
d = 9
e = 2
f = 10
```

연산식

```
1. a / b * f
2. c + b * f
3. d + e
4. f + a / c
5. c + d + e
```

정답

```
local a = 18
local b = 4
local c = 3
local d = 9
local e = 2
local f = 10

print(a / b *f)
print(c + b * f)
print(d + e)
print(f + a / c)
print(c + d + e)
```

CHAPTER 2

While! 댄스 파티 기획하기

게임에서 상황을 계속해서 유지하고 싶을 때, 반복문을 사용하여 코드를 여러 번 반복할 수 있습니다. 반복문은 지정한 횟수만큼의 반복, 무한히 반복 등 다양하게 설정할 수 있습니다. 이번 시간에는 'while문'을 사용하여 무한히 반복하는 코드를 작성해 보려고 합니다. 반복문은 '참(true)'과 '거짓(false)'을 끊임없이 평가합니다. 참이라면 코드가 실행되고, 거짓이라면 반복문이 종료되며 그 다음 코드가 실행됩니다.

코딩 익히기

'While~(무한 반복)' 알아보기

파트는 색상을 한 가지로 제한하지 않고 코드를 반복하여 다양한 색상을 무한히 실행할 수 있습니다. 이때 사용되는 명령어는 'while'입니다.

while 조건 do
    동작
end

while문은 먼저 조건이 참(true)인지 거짓(false)인지 검사하여 참일 경우 반복할 내용을 한 번 실행합니다. 동작을 실행하고 나면 다시 조건을 확인하는데, 또다시 참이라면 동작을 다시 실행하고 거짓이라면 while문을 빠져 나옵니다. 이러한 동작은 while문 안에 있는 조건이 거짓이 될 때까지 무한 반복합니다.

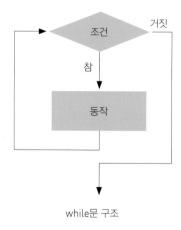

while문 구조

'while문'을 사용하여 +2씩 증가하는 코드를 만들어 봅니다.

스크립트(Script)

```
local num = 0

while num < 10 do
>>>>> print(num)
>>>>> num = num + 2
end

print(num)
```

TIP >>>>> 표시된 부분은 5칸 들여쓰기를 해야 합니다. 이후 표시가 없어도 들여쓰기가
된 부분은 5칸 정도 띄어 주세요.

출력

```
0
2
4
6
8
10
```

'while문'의 변형된 형태로 'while true do문'이 있습니다. 이 반복문은 늘 참이므로 계속 실행됩니다. 하지만 무한으로 반복되면 로블록스 스튜디오에 과부하가 걸리고 숫자가 너무 빨리 변경되어 제대로 볼 수가 없습니다. 반복문 다음의 코드를 실행하기 전에 스크립트를 기다리게 하려면 'wait( )' 함수를 활용합니다.

 TIP 함수는 미리 프로그래밍된 코드를 말합니다.

스크립트(Script)

```
local num = 0

while true do
    wait(1)
    num = num + 1
    print(num)
end
```

출력

```
1
2
3
4
5       -- 1초마다 수가 증가하고 게임 종료를 누르면 멈춤
.
.
.
```

파트 색상 바꾸기

게임 플레이를 했을 때 파트 색상이 검정색으로 변경되도록 만들어 봅니다.

01 [홈] 탭 – [파트] – [블록]을 생성합니다.

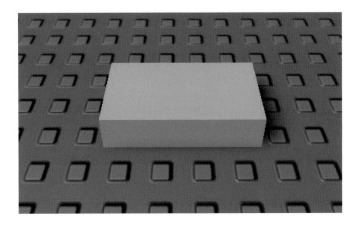

02 탐색기 창에서 파트의 이름을 'ColorPart'로 변경합니다.

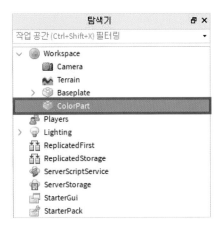

03 'ColorPart'의 '+' 버튼을 눌러 스크립트를 생성합니다.

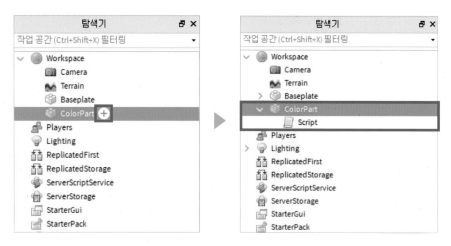

04 스크립트의 'Print("Hello World!")'를 삭제합니다.

05 아래와 같이 코드를 입력합니다.

스크립트(Script)

```
-- 파트의 색상을 변경합니다.
-- 지역 변수는 ColorPart가 생성된 스크립트에서만 작동합니다.
local ColorPart = game.Workspace.ColorPart

-- ColorPart를 검정색으로 변경합니다.
ColorPart.BrickColor = BrickColor.Black( )
```

06 [테스트] 탭 – [플레이]를 클릭하여 파트의 색상이 변경되는지 확인합니다.

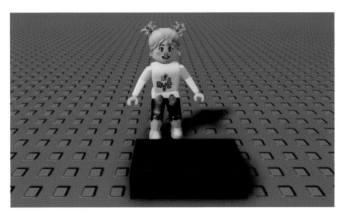

파트를 빨간색으로 변경해 볼까요?

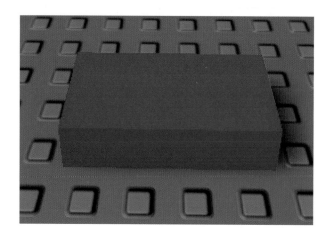

스크립트(Script)

```
local ColorPart = game.Workspace.ColorPart
ColorPart.BrickColor = BrickColor.Red( )
```

파트에 여러 색상이 나타나게 하기

순차적으로 색상을 변경하려면 'wait( )' 함수를 사용합니다. 파트의 색상을 순차적으로 변경하기 위해서 wait( )의 괄호 안에 대기 시간(초)을 넣은 후, 다음 색상이 실행되게 합니다.

01 기다리는 함수를 사용하여 파트의 색상이 다른 색으로 변경될 수 있도록 아래와 같이 코드를 입력합니다.

스크립트(Script)

```
local ColorPart = game.Workspace.ColorPart

    ColorPart.BrickColor = BrickColor.Red( )      -- 빨간색으로 변경
    wait(3)                                        -- 3초 쉬기
    ColorPart.BrickColor = BrickColor.Blue( )     -- 파란색으로 변경
    wait(3)                                        -- 3초 쉬기
```

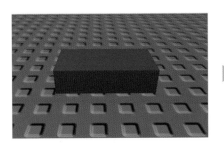 ▶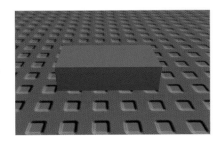

파트와 스크립트 연결하기

앞에서 작성한 'local ColorPart = game.Workspace.ColorPart' 스크립트는 ColorPart라는 한 가지 파트의 색상만 변경할 수 있습니다. 모든 파트의 색상을 변경하기 위해서는 script.Parent를 사용하며, 이 코드는 다른 파트에 코드를 복사하지 않아도 색상을 변경할 수 있습니다.

01 local ColorPart = game.Workspace.ColorPart를 다음과 같이 변경합니다.

스크립트(Script)

```
local ColorPart = script.Parent

   ColorPart.BrickColor = BrickColor.Red( )      -- 빨간색으로 변경
   wait(3)                                        -- 3초 쉬기
   ColorPart.BrickColor = BrickColor.Blue( )     -- 파란색으로 변경
   wait(3)                                        -- 3초 쉬기
```

NOTE

부모(Parent)와 자녀(Child)

파트와 스크립트를 만들면 상위에 있는 파트가 부모(Parent)이고, 하위에 있는 스크립트는 자식(Child)입니다. 'script.Parent'는 부모(파트)를 찾도록 지시합니다. 이 코드를 사용하면 파트의 이름을 알 필요 없이 ColorPart가 부모이고 Script가 자식입니다.

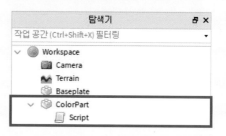

파트에 여러 색상이 무한 반복해서 나타나게 하기

색상을 순차적으로 무한 변경하기 위해서는 'while true do~end' 사이에 반복되어야 할 코드를 넣어 주면 색상이 무한히 변경되는 것을 확인할 수 있습니다.

01 'while true do~end'를 사용하여 파트의 색상이 무한 변경될 수 있도록 아래와 같이 코드를 입력합니다.

스크립트(Script)

```lua
local ColorPart = script.Parent

while true do
     ColorPart.BrickColor = BrickColor.Red( )      -- 빨간색으로 변경
     wait(3)                                        -- 3초 쉬기
     ColorPart.BrickColor = BrickColor.Blue( )      -- 파란색으로 변경
     wait(3)                                        -- 3초 쉬기
end
```

'wait( )' 함수를 넣지 않고 플레이하면 로블록스 스튜디오가 과부하됩니다.
기억하세요!

색상을 랜덤으로 변경하려면 코드를 어떻게 바꿔야 할까요?

스크립트(Script)

```
local ColorPart = script.Parent

while true do
    ColorPart.BrickColor = BrickColor.Random( )
    wait(2)
end
```

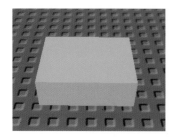 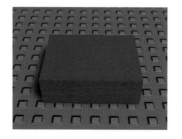

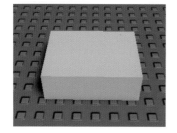 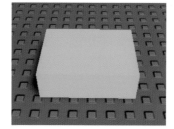

파트 색상을 RGB값으로 조절하여 변경하기

파트 색상은 RGB값으로 변경할 수도 있습니다. 처음에는 빨간색에서 시작하여 값이 점차 줄어들면서 검정색으로 파트의 색상이 변경되는 코드를 작성해 보도록 하겠습니다.

01 처음의 파트 색상을 빨간색 RGB값으로 지정하고 서서히 검정색으로 변하도록 아래와 같이 코드를 입력합니다.

스크립트(Script)

```lua
local ColorPart = script.Parent

ColorPart.Color = Color3.fromRGB(170, 0, 0)        -- 파트 색상을 빨간색으로 지정
local var = 170                                     -- 변수 var 설정

while var >= 0 do                                    -- 파트 색상이 0이 될 때까지 반복하기
    ColorPart.Color = Color3.fromRGB(var, 0, 0)
    print(var)
    wait(0.5)                                        -- 0.5초 간격으로 색상 변하기
    var = var-10                                     -- 파트 색상 값 -10씩 줄어들기
end
```

```
22:05:38.677  70  -  서버 - Script:8
22:05:39.195  60  -  서버 - Script:8
22:05:39.711  50  -  서버 - Script:8
22:05:40.228  40  -  서버 - Script:8
22:05:40.744  30  -  서버 - Script:8
22:05:41.262  20  -  서버 - Script:8
22:05:41.778  10  -  서버 - Script:8
22:05:42.294   0  -  서버 - Script:8
```

TIP 출력 창에 값이 10씩 줄어드는 것을 확인할 수 있어요.

혼자서도 잘해요

파트를 여러 개 복사하여 알록달록 색상이 변하는 파트를 완성해 보세요.

ColorPart를 복제(Ctrl+D)하여 3×3플레이트를 생성한다.

TIP 파트를 복제(Ctrl+D)하면 스크립트도 같이 복제됩니다!

if문 보였다! 안 보였다!

우리는 늘 어떤 조건에 따라 결정을 내립니다. 로블록스에서도 마찬가지입니다. '지금 밤인가?' 'obby가 보이는가?' 등 조건에 따라 달리 동작하는 프로그램을 만들 수 있습니다. 대표적인 예로 조건에 따라 특정 코드를 실행할지 결정하는 'if문'이 있습니다. 프로그램의 실행 흐름을 통제할 수 있는 강력한 힘을 발휘하는 'if문'에 대해 알아보겠습니다.

코딩 익히기

'if/then(조건문)' 알아보기

게임 실행 시 조건에 따른 동작이 필요할 때가 있습니다.

– 플레이어가 점수 10점을 얻을 경우 게임에서 승리한다.

– 벽돌을 밟으면 캐릭터가 죽는다.

이럴 때 사용하는 게 바로 'if 조건문'입니다.

조건문의 형식은 크게 세 가지로 나뉩니다. 먼저 가장 기본적인 'if문'의 형식으로, 명령을 실행하기 전에 무엇이 '참'인지 확인하는 'if/then문'입니다.

```
if 조건 then
      동작
end
```

두 번째 형식은 조건이 '참'인 경우에 '동작 1'을 실행하고 '거짓'인 경우 '동작 2'를 실행하는 'if/then~else문'입니다.

```
if 조건 then
      동작 1
else
if 조건 then
      동작 2
end
```

마지막은 조건이 2개인 경우입니다. '조건 1'이 '참'이면 '동작 1'을 실행한 후 조건문을 빠져 나오고, '조건 1'이 '거짓'이면 '조건 2'로 넘어가서 참인지 거짓인지 확인합니다. 이때 '조건 2'가 참이라면 '동작 2'를 실행하고 거짓이면 그대로 조건문을 빠져나옵니다.

```
if 조건 1 then
        동작 1
elseif  조건 2 then
        동작 2
end
```

조건문에서는 해당 조건이 참인지 확인하기 위해 '비교 연산자'와 '논리 연산자'를 사용합니다.

타입	연산	예제
비교	같다	A == B
	작다	A < B
	작거나 같다	A <= B
	크다	A > B
	크거나 같다	A >= B
	같지 않다	A -= B
논리	논리합	A and B
	논리곱	A or B
	부정	not A

'if문'을 사용하여 다음 값이 참인지 거짓인지 알아보는 코딩을 해 보겠습니다.

스크립트(Script)

```
local mypart = true

if mypart == true then
    print("Good")
end
```

출력

```
Good
```

파트 투명하게 바꾸기

게임을 실행하면 파트가 투명하게 변하고 "파트가 사라졌다!"라는 문구가 출력 창에 출력될 수 있게 해 보겠습니다.

01 [홈] 탭 – [파트] – [구]를 생성합니다.

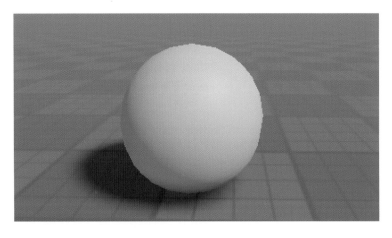

02 탐색기 창에서 파트 이름을 'IfPart'로 변경합니다.

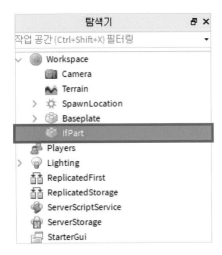

03 'IfPart'에 마우스를 대고 '+' 버튼을 눌러 스크립트를 생성합니다.

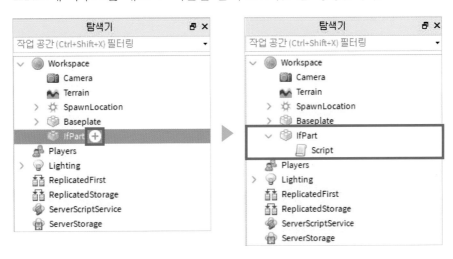

04 스크립트의 'Print("Hello World!")'를 삭제합니다.

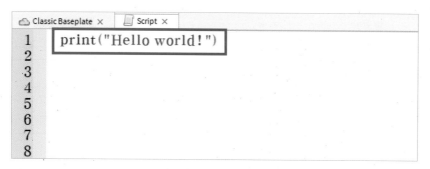

05 아래와 같이 코드를 입력합니다.

스크립트(Script)

```
local IfPart = script.Parent

if 5+5 == 10 then              -- 만약 5+5가 10이면 참
    IfPart.Transparency = 1    -- 파트의 투명도를 1로 변경
    print("파트가 사라졌다!")
end
```

06 [테스트] 탭 – [플레이]를 클릭하여 파트가 사라지고 "파트가 사라졌다!"가 출력되는지 확인합니다.

23:43:18.628 파트가 사라졌다! - 서버 - Script:5

학습해 볼까요?

조건문을 '거짓'으로 변경하면 어떻게 될까요?

'5+5 == 10'을 '5+5 == 11'로 변경합니다.

스크립트(Script)

```lua
local IfPart = script.Parent

if 5+5 == 11 then
    IfPart.Transparency = 1
    print("파트가 사라졌다!")
end
```

TIP 투명도(Transparency)는 값이 '1'이면 파트가 투명하게 되어 보이지 않고, '0'에 가까우면 불투명하게 되어 잘 보입니다.

'if/then~else' 사용하여 파트 '보였다 안 보였다'하게 만들기

장애물 게임에서 장애물이 '보였다 안 보였다' 할 수 있다면 더 흥미진진한 게임을 진행할 수 있습니다. 'if/then~else'를 사용하여, 'IfPart'의 속성 창에서 'CanCollide(충돌)'의 체크 여부에 따라 파트의 투명도가 어떻게 변하는지 알아보도록 하겠습니다.

01 'IfPart'의 속성 창에서 'CanCollide'를 체크하고 아래 코드를 입력합니다.

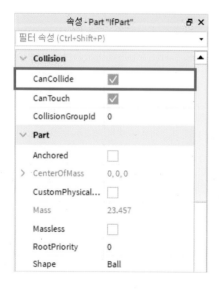

스크립트(Script)

```
local IfPart = script.Parent

if IfPart.CanCollide then
    IfPart.CanCollide = false          -- 파트의 충돌을 해제합니다.
    IfPart.Transparency = 1            -- 파트를 투명하게 변경합니다.
else
    IfPart.CanCollide = true           -- 파트의 충돌을 체크합니다.
    IfPart.Transparency = 0            -- 파트를 불투명하게 변경합니다.
end
```

파트는 어떻게 되었나요?

02 이번에는 'IfPart'의 속성 창에서 'CanCollide'의 체크를 해제한 후 실행해 봅니다.

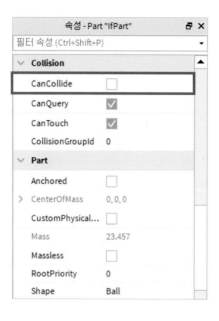

파트는 어떻게 되었나요?

파트가 나타났다!

'while + if/then~else' 사용하여 파트 '보였다 안 보였다' 만들기

2챕터에서 학습하였던 'while문'을 사용하여 파트의 'CanCollide'가 해제되면 파트가 투명하게, 체크되면 파트가 불투명하게 되도록 코드를 작성해 보겠습니다.

01 'IfPart'가 'CanCollide'의 참/거짓에 따라 어떻게 변하는지 아래 코드를 입력하여 확인해 봅니다.

스크립트(Script)

```
local IfPart = script.Parent

while true do
    if IfPart.CanCollide then
        IfPart.CanCollide = false      -- 파트의 충돌을 해제합니다.
        IfPart.Transparency = 1        -- 파트를 투명하게 변경합니다.
    else
        IfPart.CanCollide = true       -- 파트의 충돌을 체크합니다.
        IfPart.Transparency = 0        -- 파트를 불투명하게 변경합니다.
    end
    wait(3)                            -- 3초마다 반복합니다.
end
```

파트는 어떻게 되었나요?

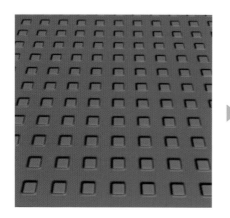 

 만약 파트가 보이지 않는다면?

'IfPart'가 '고정(Anchored)'되어 있는지 확인합니다. 고정되지 않으면 플레이가
실행될 때 파트가 아래로 떨어집니다.

혼자서도 잘해요

파트를 여러 개 복사하여 간단한 장애물 게임을 만들어 보세요.

각 파트마다 나타나는 시간을 다르게 하여 잘 건너갈 수 있도록 합니다.

for문
빛나는 조명

코드를 계속해서 실행시키는 데에는 다양한 방법이 있습니다. 코드가 특정 횟수만큼만 실행되도록 하려면 'for문'을 사용합니다. 'for문'은 시계가 1초 간격으로 똑딱거리는 카운트다운 타이머를 만들 때 사용할 수 있습니다. 무한 반복하게 하려면 앞에서 배운 'while문'을 사용하면 됩니다. 이번 시간에는 'for문'을 사용하여 '빛이 나는 조명'을 만들어 보도록 하겠습니다.

코딩 익히기

'for(반복문)' 알아보기

'for문'은 일정 횟수만큼 동일한 명령을 실행하는 반복문입니다. 변수에 시작값을 저장하고 종료값과 같은지 비교하여 동작합니다.

```
for 변수 = 시작값, 종료값, 증가 또는 감소값 do
    동작
end
```

'for문'은 실행 횟수를 제어하기 위해 시작값, 종료값, 증감값의 세 가지 값을 사용합니다. 시작값에서 시작하여 종료값에 도달할 때까지 반복문 내에서 코드를 실행할 때마다 값이 증가 또는 감소합니다. '+값'은 '증가', '-값'은 '감소'를 실행합니다.

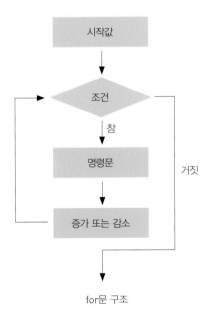

for문 구조

'for문'을 사용하여 0부터 5까지 숫자를 출력하는 코딩을 해 보겠습니다.

```
for count = 0, 5, 1 do
    print(count, "입니다.")
end
```

```
0 입니다.
1 입니다.
2 입니다.
3 입니다.
4 입니다.
5 입니다.
```

 TIP print에서 쉼표를 사용하면 한 번에 여러 개를 출력할 수 있습니다.

'for문'과 'wait 함수'를 사용하여 타이머를 생성하는 코드를 작성해 보겠습니다.

```
for count = 10, 0, -1 do
    print(count)
    wait(1)
end
```

```
10
9
8
7
6
5
4
3
2
1
0
```

NOTE

'for문'이 실행되지 않아요!

변수의 시작값이 종료값보다 큰 값으로 시작하고 증감값이 '+'이면 'for문'이 실행되지 않습니다. 아래 코드의 경우, for문은 'count'의 시작값이 종료값인 '0'보다 큰지 확인합니다. for문이 첫 번째 확인을 수행할 때 '10'이 '0'보다 큰 것을 확인하므로 아무것도 출력되지 않고 for문이 중지됩니다.

```
               시작 종료 증감
for count = 10,  0,  1  do
     print(count)
     wait(1)
end
```

파트 색상 바꾸기

파트의 색상을 알록달록 다양하게 바꿀 수 있으면 어떨까요? 'for문'을 사용하여 파트의
색상을 순차적으로 바꿔 보도록 하겠습니다.

01 [홈] 탭 – [파트] – [블록]을 생성합니다.

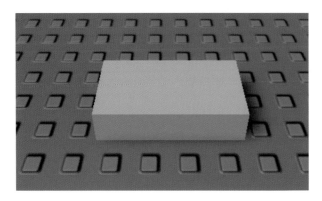

02 탐색기 창에서 파트 이름을 'ColorPart'로 변경합니다.

03 'ColorPart'에 마우스를 대고 '+' 버튼을 눌러 스크립트를 생성합니다.

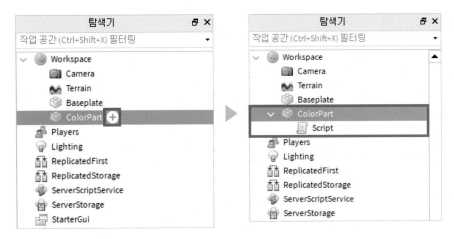

04 스크립트의 'Print("Hello World!")'를 삭제합니다.

아래와 같이 코드를 입력합니다.

스크립트(Script)

```lua
local ColorPart = script.Parent

for Color = 1, 10 do                              -- 색상을 10번 변경합니다.
    ColorPart.BrickColor = BrickColor.Random()    -- 색상을 랜덤으로 변경합니다.
    wait(1)                                       -- 1초마다 변경합니다.
end
```

파트는 어떻게 되었나요?

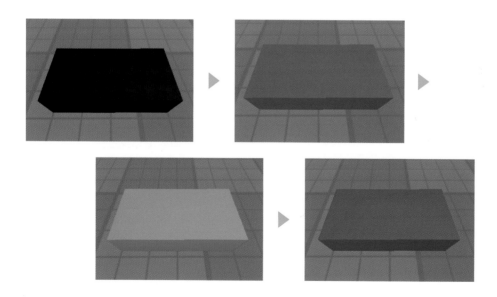

빛이 나는 조명 만들기

파트에 삽입된 조명이 시간이 지남에 따라 밝기가 점차 밝아지도록 만들어 보겠습니다.

01 [홈] 탭 – [파트] – [블록]을 생성합니다.

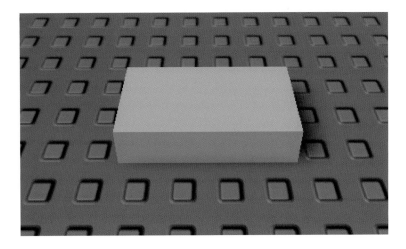

02 탐색기 창에서 파트 이름을 'Lamp'로 변경합니다.

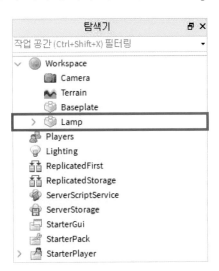

03 'Lamp' 파트를 선택하고 [모델] 탭– [효과] – [PointLight]를 클릭합니다.

04 탐색기 창에서 'PointLight'를 클릭했을 때 파트 주변에 반구가 생기는 것이 확인되면 제대로 불러온 것입니다.

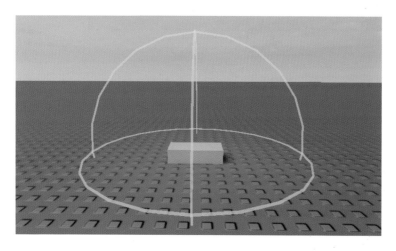

05 파트의 빛이 더 잘 보이도록 하기 위해 'Lighting'의 속성 창에서 'ClockTime'을 클릭하여 게임 배경 시간을 밤으로 변경합니다.

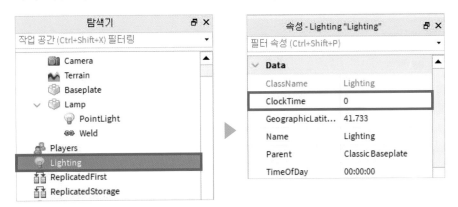

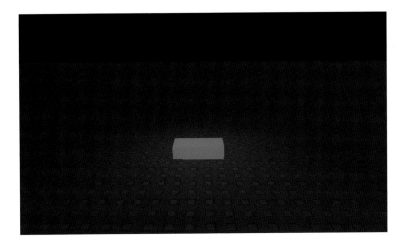

06 'Lamp'에 마우스를 대고 '+' 버튼을 눌러 스크립트를 생성합니다.

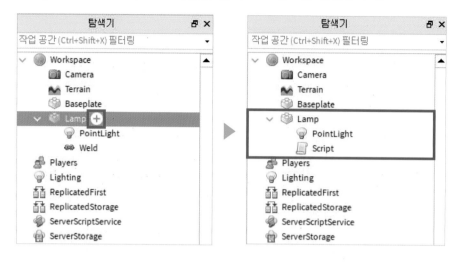

07 스크립트의 'Print("Hello World!")'를 삭제합니다.

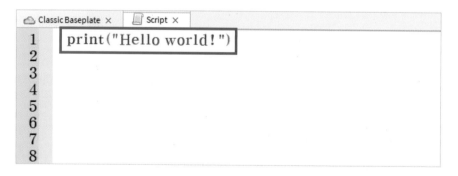

08 아래와 같이 코드를 입력합니다.

```
local Lamp = script.Parent
local Lamp = Lamp.PointLight      -- PointLight를 밝게 합니다.

for PointLight = 0, 10, 1 do      -- 밝기는 0에서 10까지 1씩 밝아집니다.
    Lamp.Brightness = PointLight  -- 빛의 밝기를 비교합니다.
    wait(1)                       -- 1초마다 빛이 밝아집니다.
end
```

파트는 어떻게 되었나요?

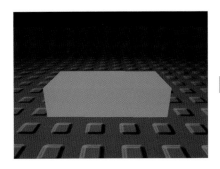

시간이 지남에 따라 밝기가 줄어들게 하려면 어떻게 해야 할까요?

```
local Lamp = script.Parent
local Lamp = Lamp.PointLight

for PointLight = 10, 0, -1 do
    Lamp.Brightness = PointLight
    wait(1)
end
```

TIP 밝기를 줄어들게 하려면 시작값을 크게, 종료값을 작게, 값이 '−1'만큼 줄어들게
     합니다.

조명이 무한히 켜지고 꺼지도록 만들기

조명이 계속해서 켜지고 꺼지도록 해 보겠습니다. 이를 위해서는 'while문' 안에 'for문'을 넣어 'for문'이 반복되도록 합니다.

01 아래와 같이 코드를 입력합니다.

스크립트(Script)

```
local Lamp = script.Parent
local Lamp = Lamp.PointLight

while true do                        -- 조명의 on/off 반복함
    for PointLight = 0, 10, 1 do     -- 조명의 밝기가 10까지 1씩 증가
        Lamp.Brightness = PointLight
        wait(1)                      -- 1초마다 밝기가 1씩 증가
    end

    for PointLight = 10, 0, -1 do    -- 조명의 밝기가 0까지 1씩 감소
        Lamp.Brightness = PointLight
        wait(1)                      -- 1초마다 밝기가 1씩 감소
    end
end
```

NOTE

시간에 따라 밝기가 변하지 않아요!

- 'Lamp.Brightness = PointLight' 코드가 'do~end' 사이에 있는지 확인하세요.
- 'wait()'의 초가 최소 '1' 이상인지 확인하십시오. 숫자가 작을수록 밝기는 더 빠르게 변경되지만 시간이 지남에 따라 보기가 더 어려워집니다.
- for문의 시작값, 종료값, 증가 또는 감소값을 구분하는 쉼표가 있는지 확인하세요.

혼자서도 잘해요

조명이 생성되면 다른 부분에 복사하여 더 많은 조명을 만들어 봅니다.

파트를 변경하여 조명 디자인도 해 보세요.

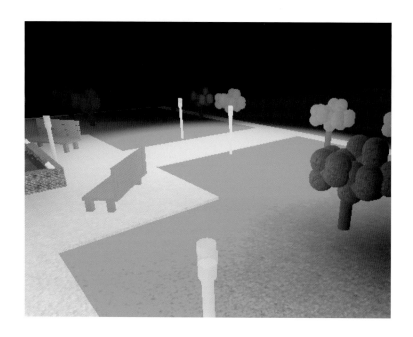

CHAPTER 5

함수
불을 꺼 주세요!

'함수(Function)'는 스크립트에서 여러 번 사용할 수 있는 명령 집합입니다. 대부분의 프로그래밍 언어에 내장되어 있으며, 루아에도 'print( )', 'wait( )' 등 미리 만들어진 기능이 있습니다. 자주 사용하는 코드에 대해서는 고유한 사용자 '지정 함수'를 만들 수 있으며, 레시피의 단계처럼 나열하는 기능을 만들 수도 있습니다.

코딩 익히기

함수(Function) 알아보기

프로그래밍에서 함수는 반복적으로 호출되는 코드 블록을 의미하며, 보통 단일 동작을 수행합니다. 함수를 사용하면 여러 개의 동일 작업을 하나로 만들 수 있어서 코드에서 중복을 제거하는 데 도움이 됩니다.

```
function 함수 이름
    동작
end
```

쉽게 말하면 함수란 자판기와 같습니다. 콜라 자판기에 콜라 값을 넣으면 콜라가 나오 듯이, print()라는 함수 자판기에 "안녕하세요"를 넣으면 "안녕하세요"라는 글자가 나오 는 것입니다.

'name' 함수를 만들어 출력 창에 나의 이름이 출력되도록 코딩해 보겠습니다.

```
local function name( )
    print("나의 이름은 로보로보입니다.")
end
name( )
```

나의 이름은 로보로보입니다.

TIP 코드를 출력하려면 'end' 아랫줄에 ( )를 포함한 함수 이름을 입력해야 합니다.
함수를 호출하지 않고 코드를 실행하면 아무 일도 일어나지 않습니다.

'add' 함수를 만들어 출력 창에 num1, num2의 합이 출력되도록 코딩해 보겠습니다.

```
local function add(num1, num2)
    local sum = num1 + num2
    print("두 수의 합은 = "..sum)
end
add(10, 20)
```

두 수의 합은 = 30

'return'을 사용하여 num1, num2의 합이 출력되도록 코딩해 보겠습니다.

```
local function add(num1, num2)
    return num1 + num2
end
print("두 수의 합은 = "..add(3, 4))
```

두 수의 합은 = 7

TIP 'return'은 함수의 결과값을 돌려주는 명령어입니다.

스크립트로 파트 생성하기

개체를 생성할 때 사용하는 'instance.new'라는 특수 함수가 있습니다. 이 함수는 클래스의 이름을 매개변수로 하는 객체를 생성합니다. 여기서 말하는 매개변수(parameter)란 함수에서 사용되는 변수로, 전달된 값을 받는 변수를 말합니다. 즉, 이 함수는 새로운 개체를 생성하는 데 사용하는 함수입니다. 새로운 파트를 만들고 색상을 변경하기 위해 'instance.new'를 사용합니다.

01 'Workspace'의 '+'를 눌러 스크립트를 생성합니다.

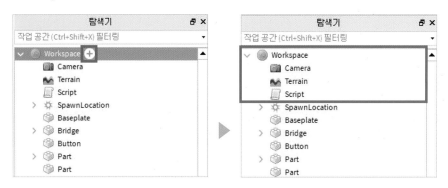

02 스크립트의 'Print("Hello World!")'를 삭제합니다.

```
1  print("Hello world!")
2
3
4
5
6
7
8
```

03 파트를 생성하는 코드를 아래와 같이 입력합니다.

스크립트(Script)

```
for i = 1, 50 do                        -- i 변수가 1부터 50까지 증가
    Instance.new("Part", workspace)     -- 파트를 생성합니다.
    wait()
end
```

파트는 어떻게 되었나요?

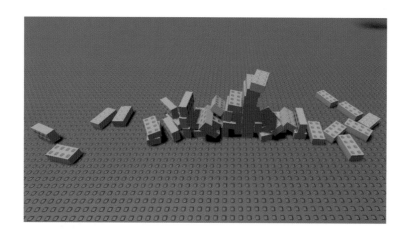

04 파트의 색상이 랜덤으로 바뀌면서 파트가 생성되는 코드를 아래와 같이 입력합니다.

스크립트(Script)

```
for i = 1, 50 do                                    -- i 변수가 1부터 50까지 증가
    local part = Instance.new("Part", workspace)    -- 파트를 생성합니다.
    part.BrickColor = BrickColor.Random( )          -- 파트 색상 랜덤으로 생성
    wait()
end
```

파트는 어떻게 되었나요?

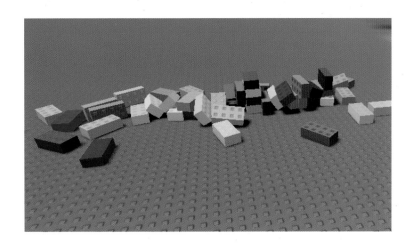

스크립트로 파트 폐기하기

Instance의 연결을 끊고 삭제하는 'Destroy(파괴하다)'를 호출합니다. 이 기능은 더 이상 필요하지 않은 개체를 폐기하는 방법입니다. Destroy를 호출하면 그 개체와 관련된 모든 항목은 실행되지 않습니다.

01 아래와 같이 여러 색깔의 파트를 생성합니다. 파트 이름은 'Part01', 'Part02', 'Part03', 'Part04'로 변경합니다.

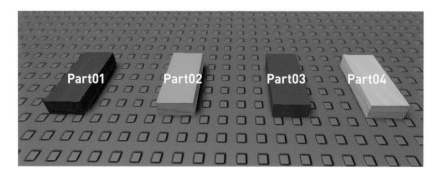

02 'Workspace'의 '+'를 눌러 스크립트를 생성합니다.

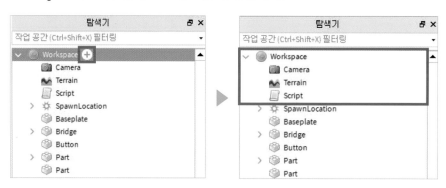

03 'Part02' 파트가 사라지는 코드를 아래와 같이 입력합니다.

스크립트(Script)

```
local part = workspace.Part02    -- part 변수에 Part02 파트 담기
part:Destroy( )                  -- Part02를 삭제
```

파트는 어떻게 되었나요?

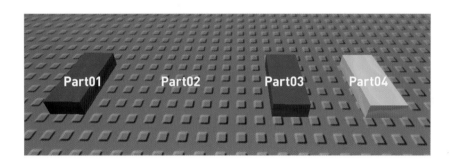

불을 꺼 주세요!

파트에 'Smoke' 효과를 설정한 후 게임이 시작할 때 연기가 사라지도록 해보겠습니다.

01 [홈] 탭 − [파트] − [블록]을 생성합니다.

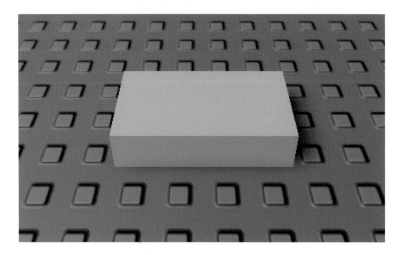

02 탐색기 창에서 파트 이름을 'FirePart'로 변경합니다.

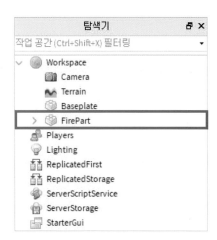

03 'FirePart'를 클릭하고 [모델] 탭 – [효과] – [Smoke]를 클릭합니다.

04 'Smoke'가 생성되어 파트에서 연기가 올라오는 것을 확인합니다.

05 'FirePart'의 '+' 버튼을 눌러 스크립트를 생성합니다.

06 스크립트의 'Print("Hello World!")'를 삭제합니다.

07 연기를 사라지게 하는 'stopSmoke( )'라는 함수를 포함한 코드를 아래와 같이 입력합니다.

스크립트(Script)

```
local firePart = script.Parent

local function stopSmoke( )                 -- 연기를 없애는 함수
    firePart.Smoke:Destroy( )               -- firePart의 연기가 사라지게 합니다.
end

stopSmoke( )                                -- 게임 플레이를 하면 firePart의 연기 사라짐
```

파트는 어떻게 되었나요?

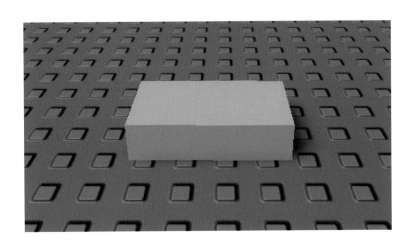

연기가 사라지고 불이 타올라요

'Destory'를 사용하여 연기가 사라지고 파트에 불이 나도록 'Smoke'를 'Fire'로 교체합니다.

01 'FirePart'의 스크립트에 아래와 같이 코드를 입력합니다.

스크립트(Script)

```
local firePart = script.Parent

local function stopSmoke( )
    firePart.Smoke:Destroy( )          -- 연기를 사라지게 합니다.
    local fire = Instance.new("Fire")  -- 새로운 효과(Fire)를 추가합니다.
    fire.Parent = firePart
end

stopSmoke( )
```

 ▶

혼자서도 잘해요

게임이 플레이되면 효과가 변경되도록 다른 효과들을 사용해서 프로그램을 코딩해 보세요.

CHAPTER 6

이벤트 함수 파괴의 신

모든 개체에는 인과관계 시스템을 설정하는 데 사용할 수 있는 이벤트가 있습니다. 이벤트는 플레이어가 물체를 만지거나 게임에 연결하는 것과 같이 게임에서 특정 일이 발생할 때 신호를 보냅니다. 대표적으로 'Wait', 'Connect', 'Disconnect' 함수가 있습니다. 다른 파트와 충돌하게 할 수도 있고, 플레이어에게 피해를 입힐 수도 있습니다. 이러한 이벤트로 게임에 생동감을 넣어 보도록 하겠습니다.

코딩 익히기

이벤트 함수(Event Function) 알아보기

함수가 정의되고 나면 이 함수를 실행하기 위해 함수 호출을 해야 합니다. 하지만 이벤트 함수는 호출에 의해서 실행되는 것이 아니라 특정 이벤트가 발생했을 때 실행됩니다. 즉, 게임에서 어떤 이벤트가 생길 때만 실행되는 함수입니다.

❶ Wait( ) 함수

'Wait( )' 함수는 이벤트가 발생할 때까지 스크립트가 일시 중지되었다가 이벤트가 발생하면 실행되도록 하는 함수입니다.

❷ Connect( ) 함수

'Connect( )' 함수는 주어진 함수가 실행되어야 할 때 사용합니다. 이벤트가 발생되는 동안 계속 실행하도록 하는 함수입니다.

❸ Disconnect( ) 함수

'Disconnect( )' 함수는 이벤트가 발생했을 때, 이를 실행하는 데 연결된 함수가 더 이상 필요 없는 경우에 사용하는 함수입니다. 'Disconnect( )'는 연결이 더 이상 필요하지 않을 때 항상 호출하며, 그렇게 하지 않으면 게임이 필요 이상으로 더 많은 리소스를 사용하게 될 수 있습니다.

'Wait( )', 'Connect( )', 'Disconnect( )' 함수가 어떻게 사용되는지 예시를 들어 알아보도록 하겠습니다.

01 [홈] 탭 – [파트] – [블록]을 생성합니다.

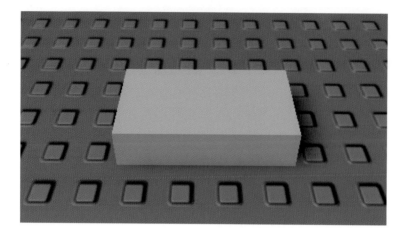

02 탐색기 창에서 파트 이름을 'myPart'로 변경합니다.

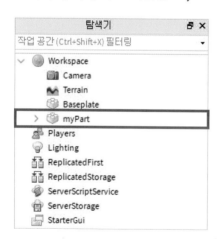

03 파트의 크기와 재질, 색상을 원하는 대로 변경하고 고정(Anchored)합니다.

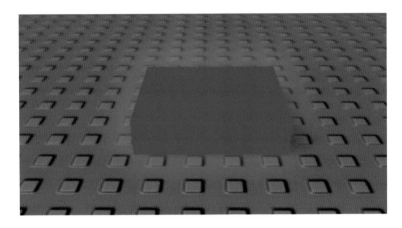

04 'myPart'의 '+' 버튼을 클릭하여 스크립트를 생성합니다.

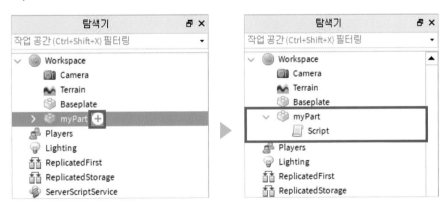

05 [홈] 탭 – [파트] – [쐐기형]으로 다른 파트를 생성합니다.

06 파트의 크기와 재질을 변경하여 공이 흘러내릴 수 있는 빗면을 만듭니다. 이때 빗면과 'myPart'의 간격을 조금 띄워서 배치해 주세요. 그래야 색이 변하는 과정을 정확히 관찰할 수 있습니다.

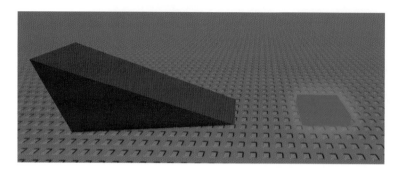

07 [홈] 탭 – [파트] – [구형]을 클릭하여 파트를 생성합니다.

08 파트의 크기와 재질을 변경한 후 빗면에서 굴러 내려올 수 있도록 쐐기 파트 위에 배치합니다.

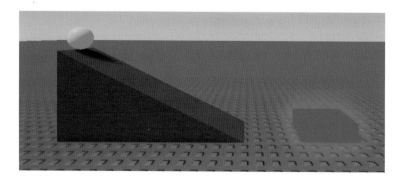

09 'myPart'의 스크립트에서 'Print("Hello World!")'를 삭제한 후 아래와 같이 코드를 입력합니다.

```
local myPart = script.Parent

-- Wait( )를 사용하여 다른 개체가 닿을 때까지 기다리기
local otherPart = myPart.Touched:Wait( )
otherPart.BrickColor = BrickColor.Red( )
```

 TIP   이벤트 함수를 호출할 때에는 ':(콜론)'을 사용합니다.

파트는 어떻게 되었나요?

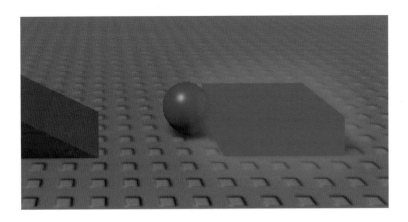

10 다음은 'Connect( )' 함수를 알아보겠습니다. 아래와 같이 코드를 입력합니다.

```
local myPart = script.Parent

local otherPart = myPart.Touched:Wait( )
otherPart.BrickColor = BrickColor.Red( )

-- Connect( ) myPart에 다른 개체가 닿으면 출력하기
function TouchedFunc(otherPart)                    -- 함수 정의하기
    print(otherPart)                               -- 닿은 개체 출력하기
end

-- 생성한 함수 이름을 인자로 넣어 주기
myPart.Touched:Connect(TouchedFunc)
```

TIP 'Connect( )' 함수는 개체가 닿으면 닿은 개체를 계속 출력하게 됩니다.

학습해 볼까요?

게임 플레이를 눌러서 플레이어가 'myPart'에 닿으면 어떻게 될까요?

파트는 어떻게 되었나요?

```
16:52:54.686   Part  -  서버 - Script:8
16:52:56.740   Part  -  서버 - Script:8
```

11 다음은 'Disonnect( )' 함수를 알아보겠습니다. 아래와 같이 코드를 입력합니다.

스크립트(Script)

```
local myPart = script.Parent

local otherPart = myPart.Touched:Wait( )
otherPart.BrickColor = BrickColor.Red( )

local connection                          -- 변수를 만듦
function TouchedFunc(otherPart)
    print(otherPart)
    -- Connect( )가 한 번만 실행되게 하기 위해 Disconnect( )를 선언합니다.
    connection:Disconnect( )
end

connection = myPart.Touched:Connect(TouchedFunc)
```

파트는 어떻게 되었나요?

트랩(Traps) 만들기

플레이어 및 다른 개체가 닿으면 모든 것을 파괴하는 트랩 파트를 만들어 보겠습니다.

01 [홈] 탭 − [파트] − [블록]을 생성합니다.

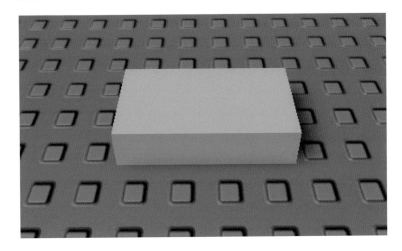

02 탐색기 창에서 파트 이름을 'TrapPart'로 변경하고 크기와 재질, 색상을 변경합니다.

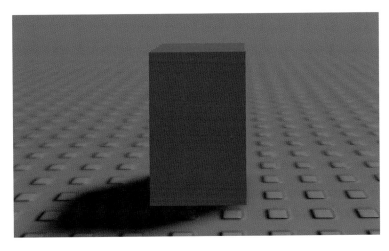

03 [홈] 탭 – [앵커]를 선택하여 'TrapPart'를 고정합니다.

NOTE

'TrapPart'를 고정하는 이유

'TrapPart'를 고정하지 않고 진행하면 플레이를 했을 때 파트가 움직이면서 다른 파트를
파손시킬 수 있기 때문에 꼭 고정해 주어야 합니다.

04 'TrapPart'의 '+' 버튼을 눌러 스크립트를 생성합니다.

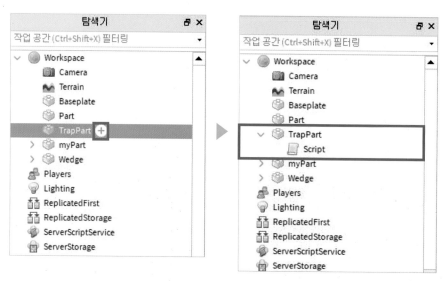

매개변수 생성하기

트랩은 해당 파트에 닿은 모든 것을 파괴하는 기능을 사용합니다. 작동하려면 파트에 닿는 부분이 무엇인지 함수가 알아야 합니다. 이때 매개변수를 설정하는데, 매개변수는 함수 이름 뒤에 오는 괄호 내부에 입력합니다. 매개변수도 변수이므로 원하는 이름을 지정할 수 있습니다. 트랩에 닿는 개체를 파괴하는 'onTouch' 함수의 매개변수 'hit'를 생성합니다.

01 'TrapPart'에 개체가 닿으면 출력이 되도록 아래와 같이 코드를 입력합니다.

스크립트(Script)

```lua
local TrapPart = script.Parent

-- 매개변수(hit)의 함수를 정의
local function onTouch(hit)
    print("트랩에 닿았다!")
end

-- TrapPart 파트에 닿으면 onTouch 실행
TrapPart.Touched:Connect(onTouch)
```

02 플레이어가 'TrapPart'에 닿으면 출력 창에 "트랩에 닿았다!"가 출력되는 것이 확인됩니다.

```
19:31:27.706  ▶ 트랩에 닿았다! (x5)  -  서버 - Script:4
```

닿은 파트 파괴하기

이전에 학습한 'Destroy()'를 사용하여 'TrapPart'에 플레이어 또는 개체가 닿았을 때 닿은 부위가 파괴되도록 만들어 보겠습니다.

01 'TrapPart'에 개체가 닿으면 닿은 부분이 파괴되도록 아래와 같이 코드를 입력합니다.

스크립트(Script)

```lua
local TrapPart = script.Parent

local function onTouch(hit)
    print("트랩에 닿았다!")
    hit:Destroy( )              -- TrapPart에 닿는 부분 파괴하기
end

TrapPart.Touched:Connect(onTouch)
```

파트는 어떻게 되었나요?

 만약 실행되지 않으면?

- 'Touched'가 대문자로 표시되어 있는지 확인합니다.
- 'TrapPart.Touched:Connect(onTouch)' 사용자 정의 함수가 'end' 다음에 있는지 확인합니다.

캐릭터가 닿을 때만 캐릭터 파괴하기

앞에서 사용한 코드는 모든 개체들이 닿으면 닿는 부분이 파괴되도록 하였습니다. 이번엔 다른 파트는 아무리 닿아도 파괴하지 않고 캐릭터가 닿았을 때만 손상을 입도록 해 보겠습니다.

01 캐릭터(플레이어)가 파트에 닿았을 때 파괴하는 코드를 아래와 같이 입력합니다.

스크립트(Script)

```
local TrapPart = script.Parent

local function onTouch(hit)
    -- humanoid 개체만 찾는 함수 설정
    local humanoid = hit.Parent:FindFirstChild("Humanoid")
    if humanoid then                 -- 만약 humanoid가 닿으면
        hit:Destroy( )               -- 닿은 부분을 파괴하기
    end
end

TrapPart.Touched:Connect(onTouch)
```

FindFirstChild("개체이름")
특정 개체에만 반응하도록 하는 이벤트 함수입니다. 만약 특정 개체가 없으면 이 함수는 'nil(없음)'을 반환합니다. 어떤 개체가 있는지 없는지 확인할 때 사용합니다.

'TrapPart'에 플레이어가 닿으면 파트의 색상이 변경되도록 코딩해 보세요.

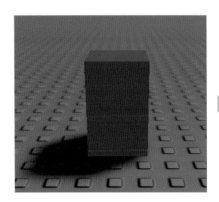 ▶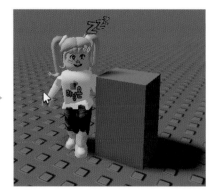

CHAPTER 7

원하는 곳으로 텔레포트 고고!

로블록스 세계는 매우 크기 때문에 순간 이동이 구현되어야 게임을 잘 수행할 수 있습니다. 여러 개의 마을, 성, 숲이 있는 경우라면 각각을 별도의 장소로 만들고 특정 지점에서 플레이어를 텔레포트시킬 수 있습니다. 그리고 게임에서 레벨이 올라갈 때 텔레포트를 사용하기도 합니다. 이번 시간에는 두 가지 방법을 이용하여 텔레포트 하는 방법을 알아보도록 하겠습니다.

코딩 익히기

플레이어가 파트를 터치하면 이동하는 텔레포트(Teleport) 파트 만들기

플레이어가 'Start' 파트를 터치하면 'End' 파트로 이동하는 순간 이동을 알아보도록 하겠습니다.

01 [홈] 탭 − [파트] − [블록]을 생성한 후 파트 이름을 'Start'로 변경합니다.

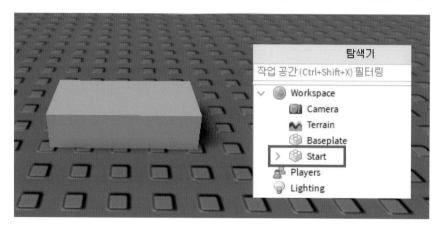

02 [홈] 탭 − [파트] − [블록]을 추가로 생성한 후 파트 이름을 'End'로 변경합니다.

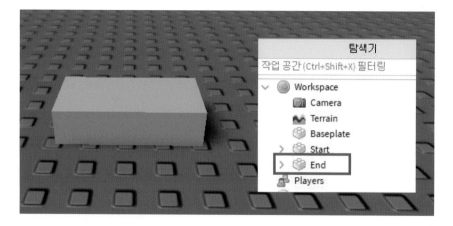

03 'Start' 파트를 선택한 후, [홈] 탭 – [도구 상자] – [이미지]를 클릭하여 'Start'를 검색합니다. 'Start'에 들어갈 이미지를 선택합니다.

04 선택한 이미지가 파트에 삽입되면 탐색기 창에서 'Start' 파트 아래에 이미지가 삽입된 것을 확인할 수 있습니다.

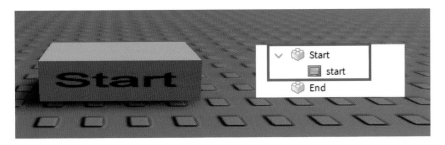

05 파트에 삽입된 이미지가 'Top'에 위치하도록 'Start' 이미지의 속성 창에서 'Face'를 'Top'으로 변경합니다.

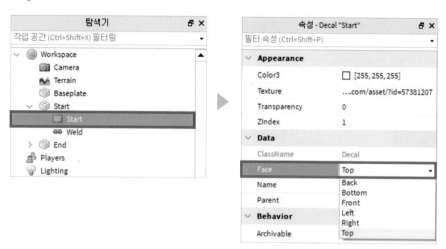

06 파트의 재질과 색상, 크기를 원하는 대로 변경한 후 배치합니다.

07 이번에는 'End' 파트를 'Start' 파트와 동일한 방법으로 변경합니다.

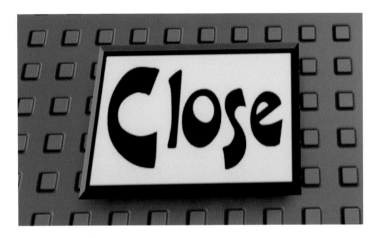

 TIP 직접 이미지를 제작하여 사용해도 좋지만, 도구 상자에서 많은 유저들이 만들어 놓은 모델, 이미지, 오디오 등 다양한 소스들을 활용할 수 있습니다.

08 'Start' 파트의 '+' 버튼을 눌러 스크립트를 생성한 후 아래와 같이 코드를 입력합니다.

스크립트(Script)

```lua
local Start = script.Parent          -- start 파트 변수 담기

-- MoveTo 함수: 플레이어 캐릭터를 순간 이동하는 함수
local function MoveTo(onTouch)
    -- humanoid 개체만 찾는 함수 설정
    local humanoid = onTouch.Parent:FindFirstChild("Humanoid")
    if humanoid then                 -- 만약 humanoid가 닿으면
        -- humanoid가 End 파트로 순간 이동하기
        onTouch.Parent:MoveTo(game.workspace.End.Position)
    end
end

-- Start파트에 humanoid 가 닿으면 MoveTo 함수 실행
Start.Touched:Connect(MoveTo)
```

파트는 어떻게 되었나요?

TIP **만약 실행되지 않으면?**

– 'MoveTo'가 대문자로 표시되어 있는지 확인합니다.

– 휴머노이드가 이동할 파트 경로가 제대로 지정되어 있는지 확인합니다.

– 'Start.Touched:Connect(MoveTo)' 사용자 정의 함수가 'end' 다음에 있는지 확인합니다.

위치를 설정하는 'Vector3'와 'CFrame' 알아보기

이번에는 정확한 위치를 지정해서 플레이어가 파트를 터치하면 지정한 위치로 순간 이동하도록 해 보겠습니다.

❶ Vector3

스크립트에서 'Vector3.new( )'에 입력한 좌표로 파트의 위치를 이동할 때 사용합니다. 파트 속성 창의 'Position'에서 현재 위치를 확인할 수 있고 이동할 위치는 현재 좌표를 확인한 후 설정 가능합니다.

스크립트(Script)

```
workspace.Part.Position = Vector3.new(0, 5, 0)
```

❷ CFrame

좌표를 이동하는 속성은 'Vector3'와 동일하지만, 추가적으로 회전과 관련된 부분도 수행합니다. 주로 파트나 모델을 스크립트로 회전시킬 때 'CFrame'을 사용합니다. 'CFrame'은 파트 속성 창에서 보이지 않습니다. 'Position'을 기반으로 좌표를 설정합니다.

스크립트(Script)

```
workspace.Part.CFrame = CFrame.new(0, 5, 0)
```

01 [홈] 탭 – [파트] – [블록] 파트를 2개 생성한 후 각각 이름을 'Part1', 'Part2'로 변경합니다.

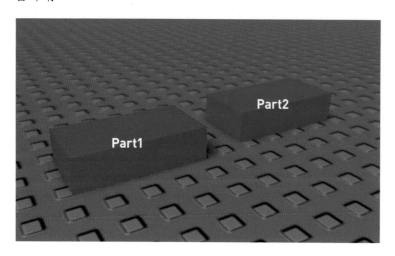

02 탐색기 창에서 'Part2'를 선택한 후, 속성 창의 'Position' 값을 (0, 5, 0)으로 변경합니다.

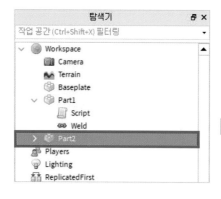 

03 'Part2'가 해당 위치로 이동한 것을 확인할 수 있습니다.

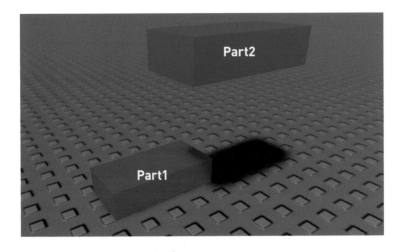

04 탐색기 창에서 'Part1' 파트의 '+' 버튼을 눌러 스크립트를 생성한 후, 아래와 같이 코드를 입력합니다.

스크립트(Script)

```
workspace.Part1.CFrame = CFrame.new(0, 5, 0)
```

만약 실행되지 않으면?
Part2의 속성 창에서 CanCollide(충돌)의 체크를 해제합니다.

파트는 어떻게 되었나요?

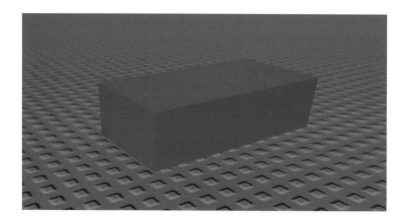

TIP 'Part1'과 'Part2'의 좌표가 같기 때문에 두 개의 파트가 겹쳐집니다. 'Vector3'와 'CFrame'이 좌표 이동하는 방법은 크게 다르지 않습니다.

스크립트(Script)

```
workspace.Part1.Position = Vector3.new(0, 5, 0)
```

05 이번에는 'Part2'의 X축을 회전하여 배치합니다.

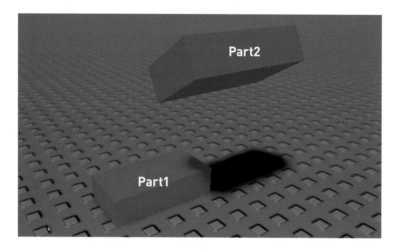

06 'Part1'에 아래와 같이 코드를 입력한 후 어떻게 변하는지 확인합니다.

```
workspace.Part1.Position = workspace.Part2.Position
```

파트는 어떻게 되었나요?

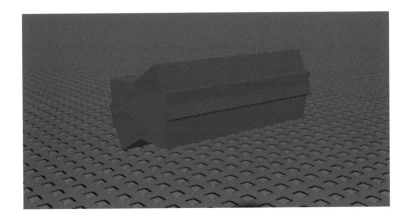

> **TIP** 'Part1', 'Part2'를 반드시 고정(Anchored)해야 이미지와 같은 화면을 확인할 수 있습니다.

> **TIP** 'Part1'이 'Part2'로 이동하였습니다. 하지만 'Part1'은 'Part2'의 'X축' 회전이 반영되지 않았고 'Part2'의 위치로만 이동하였습니다.

07 이번엔 'Part1'에 아래와 같이 코딩한 후 어떻게 변하는지 확인합니다.

스크립트(Script)

```
workspace.Part1.CFrame = workspace.Part2.CFrame
```

파트는 어떻게 되었나요?

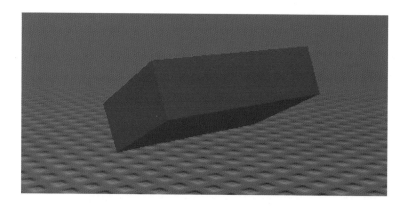

TIP 'CFrame'으로 코드를 입력하면 회전 값이 반영되어 'Part1'과 'Part2'가 겹쳐집니다.

'CFrame'을 사용하여 텔레포트(Teleport) 파트 만들기

'CFrame'를 사용하여 플레이어가 'Start' 파트를 터치하면 'End' 파트로 순간 이동하도록 만들어 보겠습니다.

01 플레이어가 순간 이동하기 위해 탐색기 창에서 'End' 파트를 선택한 후 속성 창의 'Position'을 확인합니다.

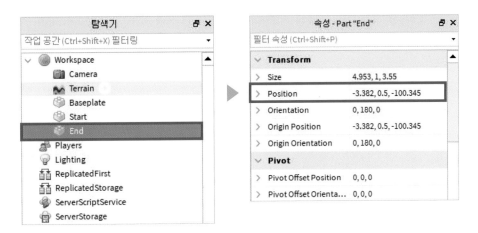

 TIP 'Position'의 좌표를 마우스 오른쪽 버튼으로 클릭 후 복사를 선택하면, 바로 스크립트에 붙여 넣어 좌표를 쉽게 입력할 수 있습니다.

02 'Start' 파트에 스크립트를 생성한 후 아래와 같이 코드를 입력합니다.

```
local Start = script.Parent
local End = game.workspace.End

local function MoveTo(onTouch)
    local humanoid = onTouch.Parent:FindFirstChild("Humanoid")
    if humanoid then
        -- 'End' 파트의 Position 값 입력
        humanoid.RootPart.CFrame = CFrame.new(Vector3.new(-3.382, 5.5, -100.345))
    end
end

Start.Touched:Connect(MoveTo)
```

파트는 어떻게 되었나요?

 TIP 기본적으로 'Position'은 바닥면을 기준으로 설정되어 있습니다. 'End' 파트의 'Position' 값을 그대로 입력하면 캐릭터가 바닥을 뚫고 설 수 없기 때문에 파트의 높이(Y축)보다 '5~10' 정도 크게 입력합니다.

혼자서도 잘해요

캐릭터가 바라보는 방향을 기준으로, '20스터드' 뒤로 순간 이동시켜 주는 발판을 만들어 보세요.

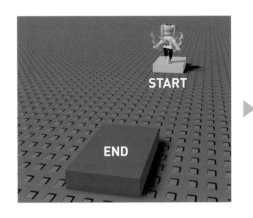 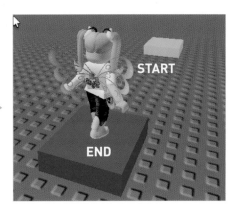

CHAPTER 8

테이블 순서대로 차례차례

로블록스에서 테이블은 루아의 유일한 합성 자료 구조로, 여러 값을 함께 그룹 화하는 방법입니다. 단일 값만 저장하는 변수와 달리 테이블은 고정된 크기가 없으며, 다양한 유형의 값을 혼합하여 저장할 수 있습니다. 테이블을 사용하 여 게임 내 항목에 대한 통계를 그룹화 하거나 수천명의 플레이어 이름 목록을 만들 수 있습니다.

코딩 익히기

배열 사용 및 생성

테이블에는 다양한 종류가 있는데 그 중 한 가지 유형은 값 목록을 특정 순서로 저장하는 배열(Array)입니다. 배열은 데이터를 한꺼번에 담을 수 있는 주머니와 같습니다. 하나의 주머니에 여러 가지 데이터를 저장하고 필요할 때 데이터를 꺼내 쓰면 됩니다.

❶ 배열 만들기

배열을 생성하려면 배열의 이름을 지정하고 { }(중괄호) 안에 값을 넣습니다. 아래와 같이 중괄호 안의 값은 쉼표로 구분합니다.

```
local test = {"A string", 3.14, workspace.Part}
```
                 ▲   ▲   ▲
          인덱스1   인덱스2   인덱스3

❷ 배열에서 읽기

배열에서 데이터를 읽으려면 참조 뒤에 한 쌍의 [ ](대괄호)를 추가하고 [ ] 안에 인덱스 번호를 지정합니다.

스크립트(Script)

```
local test = {"A string", 3.14, workspace.Part}

print(test[1])
print(test[2])
print(test[3])
```

출력

```
A string
3.14
Part
```

TIP 루아 배열의 인덱스 시작 번호는 1입니다.

❸ 배열에 쓰기

배열 인덱스의 값은 [ ](대괄호) 안에 인덱스 번호를 넣고 변경 값을 입력하여 다시 쓸 수 있습니다.

스크립트(Script)

```lua
local testArray = {"A string", 3.14, workspace.Part}

testArray[2] = 12345
testArray[4] = "새 문자열"

print(testArray[2])
print(testArray[4])
```

출력

```
12345
새 문자열
```

❹ 배열 반복

배열은 다음 두 가지 방법으로 반복할 수 있습니다.

① 루아의 배열은 순서가 지정된 값의 리스트가 있는 테이블로, 1부터 시작하여 재생되는 순서대로 값에 들어갑니다. 인덱스에는 번호가 매겨지는데, 여기서 인덱스란 여러 데이터 중에서 원하는 데이터를 사용하기 위해 사용되며 출력된 데이터 앞에 번호가 생성됩니다. 다음과 같이 배열을 생성할 때 'ipairs( )' 함수를 for문에서 사용합니다.

스크립트(Script)

```
local testArray = {"string", 3.14, true}

-- 'ipairs( )'를 for문에 사용
for index, value in ipairs(testArray) do
     print(index, value)
end
```

출력

```
1  string
2  3.14
3  true
```

② 루아의 배열은 키(key)를 생략할 수 있으며 순차적으로 1부터 시작합니다. # 연산자를 사용하여
   배열의 길이를 가져오고 1에서 해당 길이 값까지 반복합니다.

스크립트(Script)

```
local testArray = {"string", 3.14, true}

-- 배열 길이 연산자(#)를 사용하여 testArray 크기까지 1씩 증가
for index = 1, #testArray do
     print(index, testArray[index])
end
```

출력

```
1  string
2  3.14
3  true
```

배열은 'while문' 또는 'for문'과 같은 반복문과 결합하여 각 값에 대해 동일한 코드를 반복할 수 있습니다. 배열을 반복하는 방법을 알아보기 위해 몇 초마다 배열의 일부가 순차적으로 사라지는 다리를 만들어 보겠습니다.

01 파트와 스크립트를 저장하기 위해 'Workspace'에 'DisappearingPath' 폴더를 만듭니다. 그리고 해당 폴더 안에 'Parts' 폴더와 'PathScript' 스크립트를 추가합니다.

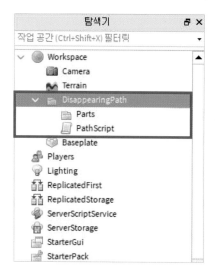

02 'Parts' 폴더 안에 'Part1', 'Part2', 'Part3'을 만든 후 고정(Anchored)합니다.

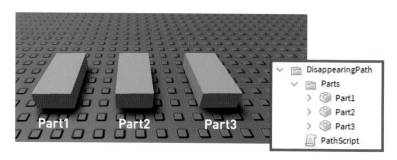

03 파트들이 시간이 지남에 따라 순차적으로 사라지는 코드를 만들기 전에, 먼저 파트
들의 배열을 생성하는 아래의 코드를 'PathScript'에 입력합니다.

스크립트(Script)

```
local path = script.Parent
local partsFolder = path.Parts
local pathArray = {
    partsFolder.Part1,
    partsFolder.Part2,
    partsFolder.Part3
}
```

 { }(중괄호) 배열 사이에 Parts 폴더의 각 부품을 쉼표로 구분하여 입력합니다.
마지막 값에는 쉼표가 필요하지 않습니다.

for문을 사용하여 배열 만들기

for문을 사용하여 개별 파트가 배열에 추가된 순서대로 사라지도록 합니다. 파트가 사라지게 하기 위해 각각 코드를 작성해도 되지만, for문을 사용하면 필요한 코드의 양이 줄어 들고 나중에 파트를 추가하더라도 변경할 필요가 없습니다.

01 파트가 사라지는 시간의 빈도를 제어하는 변수를 생성하고 for문을 사용하여 앞의 코드에 이어서 아래와 같이 코드를 추가합니다.

스크립트(Script)

```lua
-- 파트를 사라지게 하는 시간의 빈도를 제어하는 변수 생성
local disappearRate = 1

-- 시작: partIndex = 1(첫 번째 값의 인덱스), 끝: #경로 배열
for partIndex = 1, #pathArray do

    -- 파트를 사라지게 하는 변수 생성
    local whichPart = pathArray[partIndex]
    wait(disappearRate)                          -- 순차적으로 부품이 사라지는 시간
    whichPart.CanCollide = false                 -- 파트를 통과하게 합니다.
    whichPart.Transparency = 1                   -- 파트를 투명하게 합니다.

end
```

02 파트가 시간이 지남에 따라 사라지는지 확인합니다.

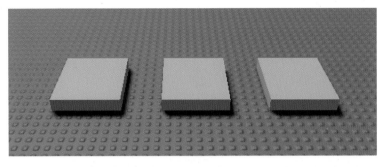

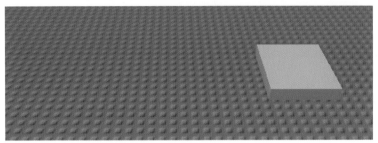

1. 파트가 너무 빨리 사라져요.
  - 'disappearRate'의 변수가 1보다 작은지 확인하세요.

2. 스크립트가 충돌하거나 실행 중 오류가 생겼어요.
  - 배열에 있는 각 파트의 이름이 탐색기 창에서 설정한 파트 이름과 동일한지 확인하세요.
  - 배열이 마지막을 제외하고 쉼표(,)로 구분되어 있는지 확인하세요.
  - 특수 기호 사이에 공백이 없는지 확인하세요. (ex. #, [ ].)

다시 나타나도록 하는 for문 만들기

사라진 각 파트들이 다시 생성되도록 'Cancollide(충돌)'와 'Transparency(투명도)'를 변경합니다.

01 사라진 파트들이 다시 생성되게 하기 위해, 앞의 코드에 이어서 다음과 같이 코드를 추가합니다.

스크립트(Script)

```
wait(1)                                    -- 파트가 다시 나타나기 전 지연 시간 생성

for partIndex = 1, #pathArray do
    local whichPart = pathArray[partIndex]
    whichPart.CanCollide = true            -- 파트가 통과하지 못하게 'true'로 변경
    whichPart.Transparency = 0             -- 파트가 눈에 보이도록 투명도를 '0'으로 변경
end
```

02 플레이를 하여 파트가 사라졌다가 다시 나타나는지 확인합니다.

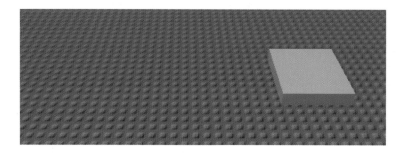

TIP
마지막 파트가 사라지지 않아요.
for문 사이에 wait( ) 시간이 있는지 확인합니다. wait( )를 설정하지 않으면 전체 경로가 즉시 나타납니다.

while문을 사용하여 만들기

파트들이 두 번 이상 사라졌다 나타나게 하기 위해서는 for문에 while문을 사용하여 무한 반복할 수 있습니다.

01 이전에 작성한 두 for문을 모두 while문 안으로 이동합니다.

스크립트(Script)

```
while true do
    -- 파트를 순서대로 사라지게 합니다.
    for partIndex = 1, #pathArray do
        local whichPart = pathArray[partIndex]
        wait(disappearRate)
        whichPart.CanCollide = false
        whichPart.Transparency = 1
    end

    -- 파트를 다시 표시하기 전에 잠시 기다립니다.
    wait(1)

    -- 파트를 재설정합니다.
    for partIndex = 1, #pathArray do
        local whichPart = pathArray[partIndex]
        whichPart.CanCollide = true
        whichPart.Transparency = 0
    end
end
```

완성된 스크립트

스크립트(Script)

```lua
local path = script.Parent
local partsFolder = path.Parts

local pathArray = {
    partsFolder.Part1,
    partsFolder.Part2,
    partsFolder.Part3
}

local disappearRate = 1

while true do
    for partIndex = 1, #pathArray do
        local whichPart = pathArray[partIndex]
        wait(disappearRate)
        whichPart.CanCollide = false
        whichPart.Transparency = 1
    end

    wait(1)

    for partIndex = 1, #pathArray do
        local whichPart = pathArray[partIndex]
        whichPart.CanCollide = true
        whichPart.Transparency = 0
    end
end
```

6개 이상의 파트를 Parts 폴더에 추가하여 코드가 잘 작동되는지 확인해 봅니다.

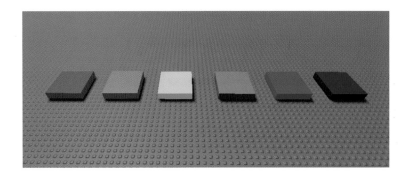

CHAPTER 9

스피드업!
점프업!

스피드업은 플레이어에게 빠르게 움직일 수 있는 특별한 능력을 제공합니다. 일시적으로 플레이어가 더 빨리 걷도록 하는 속도 향상 파워 업을 생성하기 위해, if/then문은 속도 향상을 해야 하는 개체가 플레이어인지, 플레이어가 활동을 하고 있는지를 확인합니다. 점프업은 동일한 코드로 높이 올라가기 위한 작업을 합니다. 이번 시간에는 파트의 속도를 빠르게, 그리고 높이 올라갈 수 있는 코드를 학습합니다.

코딩 익히기

플레이어가 스피드업 하는 코드 만들기

터치 이벤트(Touch Event)를 활용하여 플레이어의 걷는 속도를 높여 보도록 합니다.

01 파트를 생성하고 파트 이름을 'SpeedUp'으로 바꿉니다.

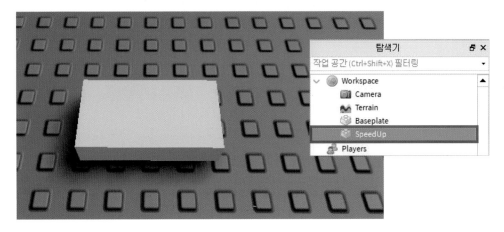

02 탐색기 창에서 'SpeedUp' 파트의 '+'를 클릭하여 스크립트를 생성합니다.

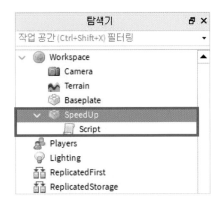

03 플레이어가 'SpeedUp' 파트를 밟으면 출력 창에 메시지가 출력되도록 아래와 같이 코드를 입력합니다.

스크립트(Script)

```
local SpeedUp = script.Parent

local function onTouch(otherPart)
    print("스피드업!")
end

SpeedUp.Touched:Connect(onTouch)
```

출력

스피드업!

NOTE

print( ) 기능으로 디버깅

함수에 print문을 추가하는 것은 코드가 작동하는지 확인하는 좋은 방법입니다. print문이 출력되지 않는다면 오류를 더 잘 찾을 수 있습니다.

휴머노이드 변수 생성

'SpeedUp' 파트에 휴머노이드(플레이어)만 닿게 하려면, 'FindFirstChild( )'를 사용하여 휴머노이드가 닿았을 때 휴머노이드 변수에 저장하는 코드를 만들어야 합니다.

01 휴머노이드가 'SpeedUp' 파트에 닿으면 일시적으로 속도를 향상시키기 위해, 먼저 'onTouch' 함수에 휴머노이드 변수를 생성하는 코드를 입력해야 합니다. 아래와 같이 코드를 입력합니다.

스크립트(Script)

```
local SpeedUp = script.Parent

local function onTouch(otherPart)
    -- 휴머노이드를 찾아 저장합니다.
    local character = otherPart.Parent
    local humanoid = character:FindFirstChild("Humanoid")
    print("스피드업!")
end

SpeedUp.Touched:Connect(onTouch)
```

스피드업 속성 알아보기

WalkSpeed는 휴머노이드가 얼마나 빨리 걸을 수 있는지 나타내는 속성으로, 초당 속도를 나타냅니다. 기본값은 16으로 설정되어 있습니다.

휴머노이드를 스피드업 하기 위해서는 다음 두 조건이 맞는지 확인해야 합니다.

– SpeedUp에 닿는 개체는 휴머노이드어야 합니다.
– 휴머노이드 개체의 WalkSpeed는 16입니다.

WalkSpeed를 확인하기 위해서 'Workspace'의 '+'를 클릭하여 'Humanoid'를 추가합니다. 그리고 'Humanoid'의 속성 창을 보면 'WalkSpeed'의 초깃값이 '16'이라는 것을 알 수 있습니다.

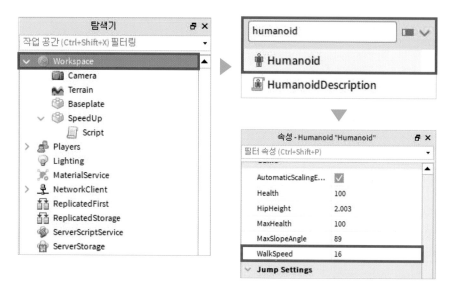

휴머노이드의 걷는 속도는 16에서 시작해서 원하는 값으로 설정할 수 있습니다. 만약 휴머노이드가 물 속에서 수영을 한다면, 이동 속도가 땅 위에서 걷는 것보다는 감소하므로 값을 작게 하면 됩니다.

01 스피드업을 활성화하는 코드를 아래와 같이 입력합니다.

스크립트(Script)

```
local SpeedUp = script.Parent

local function onTouch(otherPart)

    -- 휴머노이드를 찾아 저장합니다.
    local humanoid = otherPart.Parent:FindFirstChild("Humanoid")

    if humanoid and humanoid.WalkSpeed <= 16 then
        print("캐릭터가 스피드업! 되었습니다.")
    end
end

SpeedUp.Touched:Connect(onTouch)
```

02 플레이를 클릭하고 출력을 확인합니다.

출력

캐릭터가 스피드업! 되었습니다.

 TIP 만약 실행 후 출력이 되지 않는다면 'end'가 두 개 모두 있는지 확인하세요. 하나의 'end'는 'if/then'문을 위한 것이고 다른 하나는 함수를 위한 'end'입니다.

03 WalkSpeed 값을 설정하기 위한 코드를 아래와 같이 입력합니다.

스크립트(Script)

```
local SpeedUp = script.Parent

local function onTouch(otherPart)

    -- 휴머노이드를 찾아 저장합니다.
    local humanoid = otherPart.Parent:FindFirstChild("Humanoid")

    -- 휴머노이드 속도를 설정합니다.
    if humanoid and humanoid.WalkSpeed <= 16 then
        print("캐릭터가 스피드업! 되었습니다.")
        humanoid.WalkSpeed = 50      -- 스피드업 속도로 변경
        wait(2)
        humanoid.WalkSpeed = 16      -- 정상 속도로 변경
    end
end

SpeedUp.Touched:Connect(onTouch)
```

플레이어가 점프업 하는 코드 만들기

터치 이벤트를 활용하여 플레이어의 점프력을 높여 보도록 합니다.

01 파트를 생성하고 파트 이름을 'JumpUp'으로 바꿉니다.

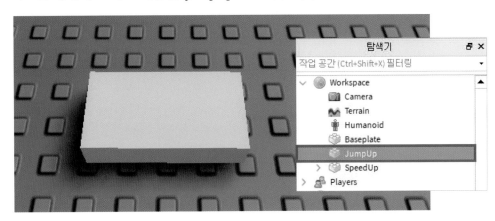

02 탐색기 창에서 'JumpUp' 파트의 '+'를 클릭하여 스크립트를 생성합니다.

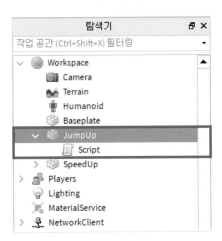

점프업 속성 알아보기

휴머노이드가 점프업 할 때 위쪽으로 가해지는 힘의 양을 결정합니다. 기본값은 50이고 1에서 1000사이로 제한합니다. 이 속성은 Humanoid.UseJumpPower = true로 설정된 경우에만 확인이 가능합니다.

'JumpUp' 스크립트에 코드를 입력하기 전에 휴머노이드의 'JumpPower'의 초깃값이 얼마인지 확인해야 합니다. JumpPower를 확인하기 위해서 'Workspace'의 '+'를 클릭하여 'Humanoid'를 추가합니다. 그리고 'Humanoid'의 속성 창을 보면 'JumpPower'의 초깃값이 '50'이라는 것을 알 수 있습니다.

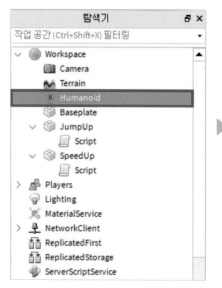

점프업 만들기

01 점프업을 활성화하는 코드를 아래와 같이 입력합니다.

스크립트(Script)

```
local JumpUp = script.Parent

local function onTouch(otherPart)

    local character = otherPart.Parent
    local humanoid = otherPart.Parent:FindFirstChild("Humanoid")
    if humanoid and humanoid.JumpPower <= 50 then
        humanoid.UseJumpPower = true
        humanoid.JumpPower = 700
        wait(5)
        humanoid.JumpPower = 50
    end
end

JumpUp.Touched:Connect(onTouch)
```

'SpeedUp' 파트와 'JumpUp' 파트의 재질과 색상을 바꾸고 효과도 넣어 봅니다.

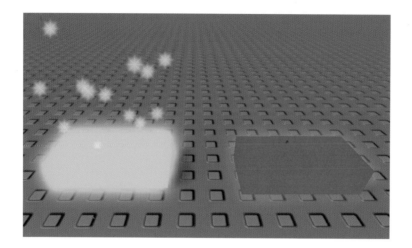

CHAPTER 10

포인트
획득하기

로블록스에는 스코어, 레이스의 순위, 도착 시간 등 플레이어의 다양한 정보를
표시할 수 있는 리더보드 시스템이 내장되어 있습니다. 리더보드는 조건문을
사용하여, 터치했을 때 부품이 어떤 색상인지에 따라 점수를 부여하거나 차감
할 수 있습니다.

코딩 익히기

포인트 획득 만들기

이번에는 'Coin'을 터치했을 때 10 포인트가 부여되는 코드를 작성하려고 합니다. 이를 위해 먼저 서버 스크립트에 대해 알아 봅니다.

서버 스크립트 서비스(ServerScriptService)는 로블록스의 서버(Sever)에서 관리합니다. 다른 스크립트(Script)에 복제되지 않아 게임 규칙을 안전하게 저장할 수 있으며, 다른 개체나 파트에서 실행되는 것과는 달리 오직 로블록스 서버에서 실행됩니다. 로블록스에서의 점수 획득 역시 로블록스 서버에서 관리하므로, 점수 기능을 구현하려면 서버 스크립트 서비스에 스크립트를 작성해야 합니다.

리더보드 만들기

포인트를 추적하기 위한 리더보드를 만들고 도구 상자에서 'Coin' 모델을 불러옵니다. 먼저 리더보드를 만들어 보겠습니다.

01 'ServerScriptService'에 새 스크립트를 만든 후 아래 코드를 입력합니다.

스크립트(Script)

```lua
-- 포인트 담을 공간을 만드는 함수 'onPlayerJoin'
local function onPlayerJoin(player)
    local leaderstats = Instance.new("Folder")
    leaderstats.Name = "leaderstats"
    leaderstats.Parent = player

    -- 표시할 점수 항목 만들기
    local points = Instance.new("IntValue")
    points.Name = "Points"
    points.Value = 0
    points.Parent = leaderstats
end

-- 플레이어가 게임에 들어오면 onPlayerJoin 함수 실행
game.Players.PlayerAdded:Connect(onPlayerJoin)
```

02 게임 플레이를 클릭하면 화면에 리더보드가 생성되고 탐색기 창의 [Players] − [플레이어 ID] − [leaderstats]에 'Points'가 생성된 것을 확인할 수 있습니다.

아이템 추가하여 포인트 획득 기능 만들기

아이템을 획득하면 포인트가 올라가는 기능을 구현합니다. 'Coin'을 불러온 후 플레이어가 'Coin'에 닿으면 포인트 점수를 부여할 수 있도록 변수를 생성합니다.

01 [홈] 탭 – [도구 상자] – [메시] – [coin]을 검색하여 원하는 coin 모델을 불러옵니다.

02 탐색기 창에서 배치된 아이템 이름을 'Coin'으로 변경한 후 스크립트를 생성하여 아래와 같이 코드를 입력합니다.

스크립트(Script)

```
local pointPart = script.Parent
local coinPoints = 10
-- 플레이어 서비스 추가하기
local Players = game:GetService("Players")
```

터치 및 포인트 기능 설정

스크립트 안에는 포인트를 획득하는 기능과 플레이어가 포인트 파트를 터치했는지 확인하는 기능이 있습니다.

01 'Coin'의 스크립트에 'givePoints( )' 매개변수를 생성하고 테스트에 사용할 코드를 다음과 같이 추가합니다.

```
-- 포인트 획득하기
local function givePoints(player)
    print("포인트를 지급하세요!")
end

-- 플레이어가 파트를 터치했는지 확인
local function partTouched(otherPart)

    -- 플레이어가 파트를 터치하면 포인트를 지급
    local player = game.Players:GetPlayerFromCharacter(otherPart.Parent)
    if player then
        givePoints(player)
    end
end

pointPart.Touched:Connect(partTouched)
```

02 플레이를 클릭하고 출력을 확인합니다.

포인트를 지급하세요!

만약 실행 후 출력이 되지 않는다면
- "Players", "game:GetService("Players")"가 대문자와 따옴표로 묶여 있는지 확인하세요!
- 'partTouched( )'가 'PointPart'의 'Touched' 이벤트에 연결되어 있는지 확인하세요!

플레이어에게 포인트 주기

플레이어가 'Coin'을 터치하면 포인트를 제공하도록 합니다.

01 'Coin'을 터치하면 포인트가 지급되도록 하기 위해 'givePoints( )' 변수에 입력되어 있는 'print( )'문을 삭제하고 아래와 같이 코드를 입력합니다.

스크립트(Script)

```
-- 포인트 획득하기
local function givePoints(player)

    -- 플레이어의 리더보드를 변수에 담기
    local playerStats = player:WaitForChild("leaderstats")
    -- 리더보드의 포인트를 변수에 담기
    local playerPoints = playerStats:WaitForChild("Points")
    -- 부품의 색상에 따라 플레이어에게 점수를 부여하기
    playerPoints.Value = playerPoints.Value + coinPoints
    -- 점수 획득 후 아이템 사라지게 하기
    pointPart:Destroy( )

end
```

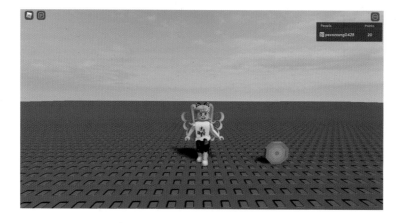

스크립트(Script)

```
local pointPart = script.Parent
local coinPoints = 10
local Players = game:GetService("Players")

local function givePoints(player)
    local playerStats = player:WaitForChild("leaderstats")
    local playerPoints = playerStats:WaitForChild("Points")
    playerPoints.Value = playerPoints.Value + coinPoints
    pointPart:Destroy( )
end

local function partTouched(otherPart)
    local player = game.Players:GetPlayerFromCharacter(otherPart.Parent)
    if player then
        givePoints(player)
    end
end

pointPart.Touched:Connect(partTouched)
```

'Coin'을 여러 개 복제하여 포인트를 획득해 보세요.

CHAPTER 11

제한된 시간 안에 건너라!

지금까지 배운 내용을 토대로 간단한 미니 게임을 만들어 보도록 하겠습니다. 목적지에 도달하기 위해 제한된 시간 안에 다리를 건너거나 블록을 밟으면 속도가 향상되어 목적지에 빠르게 도달하게 하는 등 다양한 예제로 연습해 보도록 하겠습니다.

코딩 익히기

제한 시간 안에 건너라!

플레이어가 버튼을 터치하여 다리가 사라지기 전에 다리를 건널 수 있도록 하고 남은 시간을 전광판에 나타나도록 코딩해 봅니다.

01 블록을 사용하여 다리를 건널 수 있는 장소를 제작합니다. 이때 블록 사이는 살짝 띄어 건너 뛸 수 있는 공간을 만들어 줍니다.

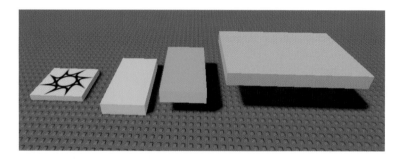

02 기본 장소를 만든 후 3개의 파트를 만들어 각각 'TimeDisplay', 'Bridge', 'Button'으로 이름을 변경합니다.

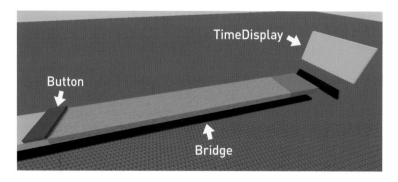

03 'Bridge' 파트를 선택하고 속성 창에서 'Transparency(투명도)'를 '0.7'로 변경하고 'CanCollide'의 체크를 해제한 후 파트를 모두 고정(Anchored)합니다.

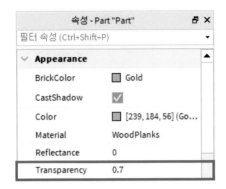 

Surface GUI 만들기

플레이어가 다리를 건널 때, 다리가 사라지기까지 몇 초가 남았는지 확인하기 위해 GUI 라는 개체를 파트에 추가하여 전광판을 만듭니다. Surface GUI는 게임 내 표지판, 맞춤형 건강 표시줄 및 인벤토리 시스템을 만드는 데도 사용할 수 있습니다.

01 탐색기 창에서 'TimeDisplay' 파트를 선택하고 '+'를 클릭한 후 'SurfaceGui'를 추가합니다.

02 탐색기 창에서 'SurfaceGui'의 '+'를 클릭하고 'TextLabel'을 추가합니다.

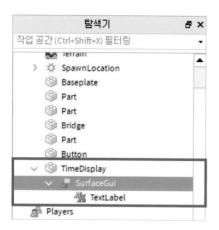

03 'TextLabel'이 'TimeDisplay' 파트에 부착된 것이 확인됩니다.

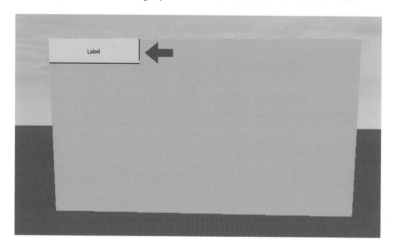

04 탐색기 창에서 'SurfaceGui'를 선택합니다. 속성 창에서 'Face'를 다리를 건너는 플레이어와 마주보는 위치로 설정합니다.

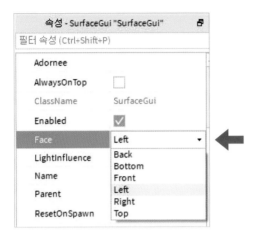

05 'SurfaceGui'를 더 크게 만들려면 속성 창에서 'SizingMode'를 'FixedSize'로 변경하고 'CanvasSize'의 X와 Y에 '100'을 입력합니다.

06 'TextLabel'이 너무 큽니다. 파트의 크기에 맞게 설정하려면 'TextLabel'의 속성 창에서 'Size'를 선택합니다.

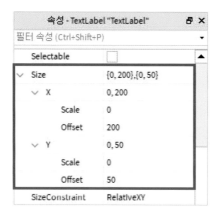

07 X와 Y 모두 'Scale'을 '1'로 변경하고 'Offset'을 '0'으로 변경합니다. 그러면 파트의 면과 같은 크기가 됩니다.

08 속성 창에서 'TextScaled'를 체크합니다. 그러면 텍스트 크기가 'Surface GUI'에 맞게 자동으로 조정됩니다.

09 'Text' 속성에 써 있는 텍스트를 삭제하여 아무 것도 표시되지 않도록 합니다.

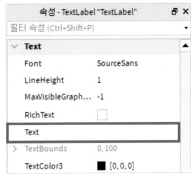

카운트다운 숫자를 표시하는 스크립트 만들기

타이머 전광판을 만들었습니다. 'Button' 파트를 터치하면 'Bridge'가 나타나고 카운트다운 숫자를 표시하는 코드를 만들어 보겠습니다.

01 탐색기 창에서 'Bridge'의 '+'를 클릭하고 스크립트를 생성한 후, 아래와 같이 코드를 입력합니다.

스크립트(Script)

```
local bridge = script.Parent
local button = game.Workspace.Button              -- 버튼을 저장하는 변수 생성

local timerPart = game.Workspace.TimeDisplay      -- TimeDisplay 변수 생성
local timerText = timerPart.SurfaceGui.TextLabel  -- 타이머 표시할 TextLabel 변수 생성
local timerDuration = 5                           -- 카운트다운 시간 변수 생성

local function startTimer()                        -- 버튼을 터치하면 시작하는 함수
    print("Countdown started")
    for count = timerDuration, 0, -1 do           -- 시간 1초씩 감소하기
        timerText.Text = count
        wait(1)
    end

end

-- 휴머노이드가 버튼을 터치하는지 확인하는 함수 생성
local function buttonPressed(partTouched)
    local character = partTouched.Parent
    local humanoid = character:FindFirstChild("Humanoid")
    if humanoid then                              -- 만약 휴머노이드가 감지되면
        startTimer()                              -- 카운트다운 시작하기
    end
end
button.Touched:Connect(buttonPressed)
```

02 플레이를 하여 플레이어가 'Button' 파트로 이동해서 파트를 터치하면 'TimeDisplay'에 카운트다운이 표시되는지 확인합니다.

 TIP

만약 실행되지 않으면?

- 스크립트에 파트 이름의 철자가 맞는지 확인합니다.
- 만약 파트가 보이지 않는다면 고정(Anchored)되어 있는지 확인합니다.

버튼을 터치하여 카운트다운이 시작되면 'Bridge' 파트의 투명도가 '0', 'CanCollide'가 활성화되어 다리를 건너고, 타이머가 '0'이 되면 다리를 건너지 못하고 아래로 떨어지도록 코딩해 봅니다.

01 다리를 건널 수 있도록 하려면 앞에서 코딩한 스크립트 'startTimer( )'에 추가로 코딩을 해야 합니다. 아래와 같이 코드를 입력합니다.

스크립트(Script)

```lua
local function startTimer()
    print("Countdown started")
    bridge.Transparency = 0          --투명도를 '0'으로 변경하여 다리가 보이게 변경
    bridge.CanCollide = true          --CanCollide를 체크하여 떨어지지 않게 변경
    for count = timerDuration, 0, -1 do
        timerText.Text = count
        wait(1)
    end
    bridge.Transparency = 0.7        --투명도를 '0.7'로 변경하여 다리를 숨김
    bridge.CanCollide = false         -- CanCollide를 해제하여 떨어지게 변경
end
```

02 게임 플레이를 하여 플레이어가 'Button' 파트로 이동해서 파트를 터치하면 다리가 생성되고, 타이머가 0이 되면 다리가 사라져 아래로 떨어지는지 확인합니다.

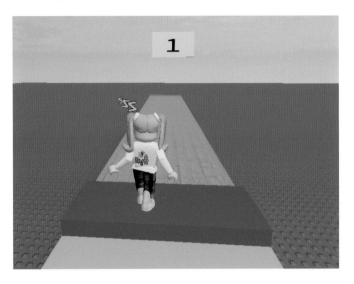

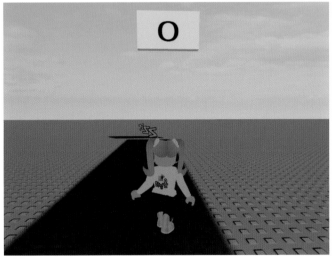

완성 스크립트

스크립트(Script)

```lua
local bridge = script.Parent
local button = game.Workspace.Button
local timerPart = game.Workspace.TimeDisplay
local timerText = timerPart.SurfaceGui.TextLabel
local timerDuration = 5

local function startTimer()
    print("Countdown started")
    bridge.Transparency = 0
    bridge.CanCollide = true
    for count = timerDuration, 0, -1 do
        timerText.Text = count
        wait(1)
    end
    bridge.Transparency = 0.7
    bridge.CanCollide = false
end

local function buttonPressed(partTouched)
    local character = partTouched.Parent
    local humanoid = character:FindFirstChild("Humanoid")
    if humanoid then
        startTimer()
    end
end

button.Touched:Connect(buttonPressed)
```

혼자서도 잘해요

카운트다운을 하는 동안 'Button' 파트에 플레이어가 닿으면 카운트다운이 리셋됩니다.
카운트다운이 리셋되지 않게 코딩해 보세요.

① 타이머가 시작되지 않게 하려면 다시 호출할 수 있는지 여부를 제어하는 다른 변수를
추가합니다.

② 변수의 속성은 'true' 또는 'false'로만 설정할 수 있는 'Booleans'라는 새로운 유형
의 값을 사용합니다.

③ 변수의 이름은 'timerActive'로 설정합니다.

CHAPTER 12

다시 처음으로 돌아갈 순 없어!

게임 중간에 탈락했을 때 다시 처음으로 돌아가서 게임을 시작해야 한다면? 다시 점프 미션을 해결해야 하고, 아이템도 다시 획득해야 하는 등 번거로운 일이 아주 많이 발생합니다. 이번 시간에는 별도의 코딩 없이 '체크 포인트' 기능을 사용하여 중간에 다시 시작할 수 있도록 만들어 보겠습니다.

코딩 익히기

체크 포인트 만들기

'SpawnLocations(스폰 로케이션)' 또는 'Spawn(스폰)'은 플레이어가 리스폰되는 위치를 결정합니다. 'Teams'를 사용하여 특정 플레이어만 스폰을 이용할 수 있도록 할 수도 있습니다.

01 [모델] 탭 – [스폰]을 클릭하여 스폰을 2개 생성한 후, 두 번째 스폰의 이름을 'Spawn Location2'로 변경합니다.

 TIP 카메라 뷰(CameraView)를 'Top'으로 설정하면, 위에서 아래를 내려다보면서 작업을 보다 편하게 진행할 수 있습니다.

02 탐색기 창에서 'SpawnLocation2'를 클릭한 후, 속성 창에서 'BrickColor'를 변경합니
다.

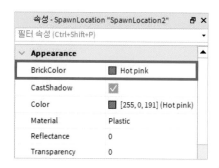

03 2개의 스폰 사이에 장애물 파트를 생성합니다. [홈] 탭 – [파트] – [블록]을 아래와 같이 배치합니다.

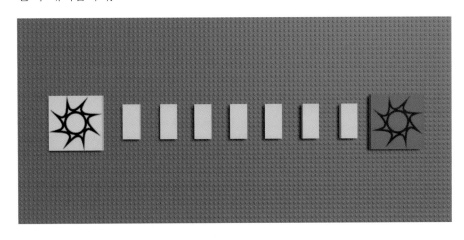

04 탐색기 창에서 'Baseplate'를 선택한 후 삭제합니다.

TIP 각 파트와 스폰을 고정(Anchored)해 주어야 플레이를 할 때 바닥으로 떨어지지 않습니다! 기억하세요!

05 체크 포인트를 생성하기 위해 각각의 스폰 로케이션의 속성 창에서 'Team Color' 기능으로 작업 화면의 스폰 로케이션 색상과 동일하게 바꿔 줍니다.

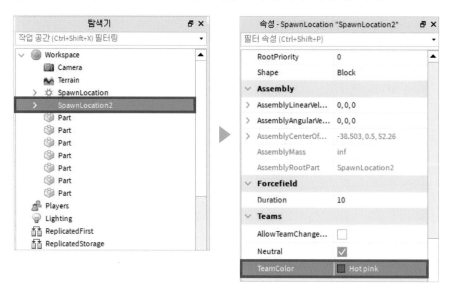

06 첫 번째 스폰 로케이션을 선택한 후 속성 창에서 'AllowTeamChangeOnTouch(팀 바꾸기)'와 'Neutral(중립)'을 체크하여 활성화합니다.

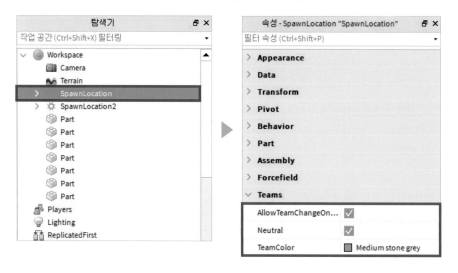

'AllowTeamChangeOnTouch(팀 바꾸기)'와 'Neutral(중립)'

'AllowTeamChangeOnTouch(팀 바꾸기)'는 플레이어가 SpawnLocation(체크 포인트)에 닿을 때마다 해당 체크 포인트에 연결된 팀 컬러에 맞는 팀으로 변경하는 기능입니다. 'Neutral(중립)'은 플레이어가 SpawnLocation의 팀 컬러와 일치하는지 확인하여 일치하는 경우에만 해당 위치에서 부활할 수 있도록 하는 것입니다. Neutral이 체크되어 있으면 모든 플레이어는 팀 소속과 상관 없이 Neutral이 체크되어 있는 장소에서 부활하게 됩니다.

07 두 번째 스폰 로케이션을 선택한 후 속성 창에서 'AllowTeamChangeOnTouch(팀 바꾸기)'만 체크하여 활성화합니다.

08 [모델] 탭 – [서비스]를 클릭한 후 서비스 삽입 창이 나오면 'Teams'를 선택하여 삽
입합니다.

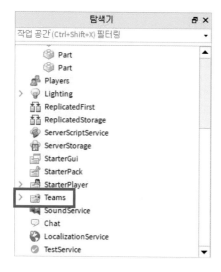

 TIP 처음에 탐색기 창에 'Teams'가 생성되어 있지 않기 때문에, '서비스 삽입'에서
'Teams'를 생성합니다. 이미 생성되어 있다면 추가하지 않아도 됩니다.

09 탐색기 창에 추가된 'Teams'의 '+'를 클릭하여 'Team'을 생성합니다. 스폰 로케이션 과 같이 2개를 생성한 후, 각각의 이름을 'Team', 'Team2'로 변경합니다.

10 추가된 두 개의 'Team'의 'TeamColor'를 스폰 로케이션 팀 색상에 맞추어 변경합 니다.

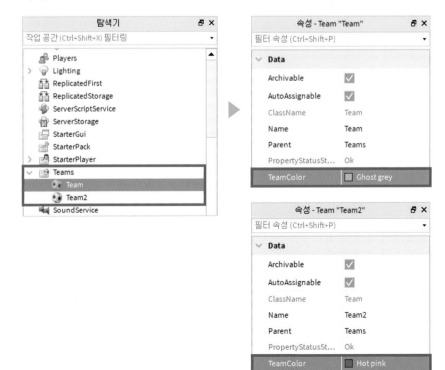

11 게임 플레이를 실행하면 첫 번째 스폰 로케이션에서 두 번째 스폰 로케이션에 도달했을 때 'GUI'에서 캐릭터의 팀이 변경된 것이 확인됩니다. 그 위치에서 추락하면 Team2에서 게임이 다시 시작되는 것을 확인할 수 있습니다.

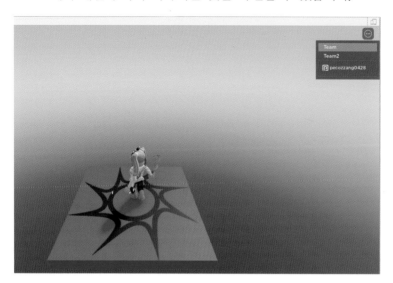

혼자서도 잘해요

그동안 배운 것들을 활용하여 장애물 게임을 제작해 보고 스폰 로케이션도 추가로 더
제작하여 나만의 장애물 게임을 만들어 봅니다.

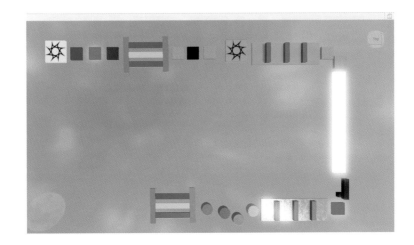

혼자서도 잘해요 답안 코드

CHAPTER 5

```
local sparkPart = script.Parent

local function stopSparkles( )
    sparkPart.Sparkles:Destroy( )          -- Sparkles를 사라지게 합니다.
    local spark = Instance.new("ParticleEmitter")    -- ParticleEmitter가 나타납니다.
    spark.Parent = sparkPart
end
stopSparkles( )
```

CHAPTER 6

```
local TrapPart = script.Parent

local otherPart = TrapPart.Touched:Wait( )
TrapPart.BrickColor = BrickColor.Green( )

function TouchedFunc(otherPart)
    local humanoid = otherPart.Parent:FindFirstChild("Humanoid")
end

TrapPart.Touched:Connect(TouchedFunc)
```

CHAPTER 8

```
local path = script.Parent
local partsFolder = path.Parts
    local pathArray = {
    partsFolder.Part1,
    partsFolder.Part2,
    partsFolder.Part3,
    partsFolder.Part4,
    partsFolder.Part5,
    partsFolder.Part6
}
```

```
-- 파트를 사라지게 하는 시간의 빈도를 제어하는 변수 생성
local disappearRate = 1
-- 시작: partIndex = 1(첫 번째 값의 인덱스), 끝: # 경로 배열
for partIndex = 1, #pathArray do

    -- 파트를 사라지게 하는 변수 생성
    local whichPart = pathArray[partIndex]
    wait(disappearRate)                        -- 순차적으로 부품이 사라지는 시간
    whichPart.CanCollide = false               -- 파트를 통과하게 합니다.
    whichPart.Transparency = 1                 -- 파트를 투명하게 합니다.

end

wait(2)

for partIndex = 1, #pathArray do
    local whichPart = pathArray[partIndex]
    whichPart.CanCollide = true                -- 파트가 통과하지 못하게 'true'로 변경
    whichPart.Transparency = 0                 --파트가 눈에 보이도록 투명도를 '0'으로 변경
end
```

CHAPTER 11

```
local bridge = script.Parent
local button = game.Workspace.Button
local timerPart = game.Workspace.TimeDisplay
local timerText = timerPart.SurfaceGui.TextLabel

-- 플레이어가 다리를 건너야 하는 시간
local timerDuration = 5
local timerActive = false

local function startTimer()
    timerActive = true
    bridge.Transparency = 0
    bridge.CanCollide = true
```

```lua
		-- 타이머 시간이 1초씩 줄어 듭니다.
	for count = timerDuration, 0, -1 do
			timerText.Text = count
			wait(1)
	end

		-- 다리를 걸을 수 없도록 만듭니다.
	bridge.Transparency = 0.8
	bridge.CanCollide = false
	timerText.Text = ""
	timerActive = false

end

local function buttonPressed (partTouched)
	local character = partTouched.Parent
	local humanoid = character:FindFirstChildWhichIsA("Humanoid")
	print("part touched")

	if humanoid and timerActive == false then
			print("starting timer")
			startTimer()
	end
end
button.Touched:Connect(buttonPressed)
```

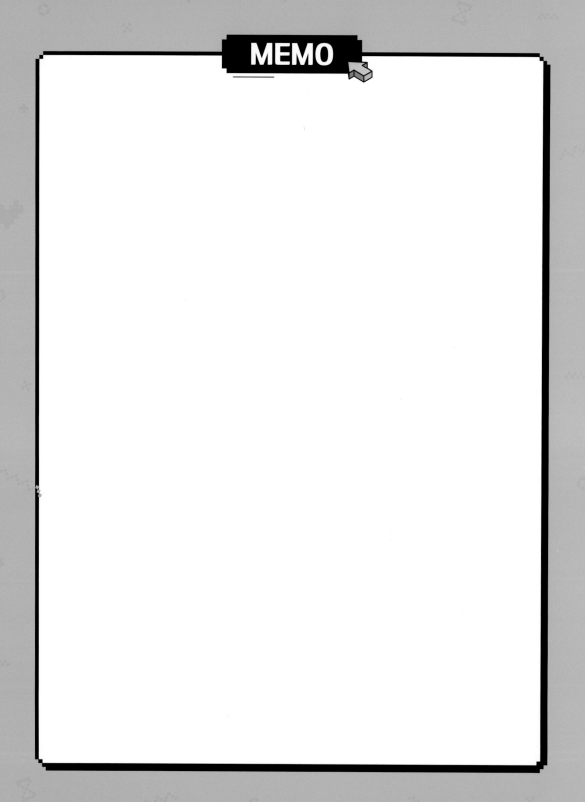

MEMO

로블록스로 만드는
나만의 상상 놀이터
코딩편

1판 1쇄 발행   2022년 5월 31일

저 자 | ㈜로보로보
발 행 인 | 김길수
발 행 처 | ㈜영진닷컴
주 소 | (우)08507 서울 금천구 가산디지털1로 128
        STX-V타워 4층 401호
등 록 | 2007. 4. 27. 제16-4189호

©2022. ㈜영진닷컴

ISBN | 978-89-314-6635-5

YoungJin.com **Y.**
영진닷컴